Gernot Candolini

Labyrinthe

Ein Praxisbuch zum Malen, Bauen, Tanzen, Spielen, Meditieren und Feiern

PATTLOCH

Mein besonderer Dank gilt:
Hermann Kern, der die Grundlagen zum Wissen über das Labyrinth gelegt hat.
Jeff Saward für Fotos, Grafiken und seine „Schatztruhen" voller Labyrinthe.
Robert Ferré für die Konstruktionspläne und die praktischen Erfahrungen.
Jørgen Thordrup für die Hilfe aus dem „Norden".

Gernot Candolini

Hinweis
Im zweiten Teil des Buches werden die Leser mit „Du" angesprochen. Dies erfolgte sowohl im Hinblick auf die Arbeit mit Kindern und Jugendlichen als auch wegen der bewußt unmittelbaren Ansprache bei den meditativen Übungen. Wir bitten um Verständnis.

Die Deutsche Bibliothek - CIP-Einheitsaufnahme

Candolini, Gernot:
Labyrinthe : ein Praxisbuch zum Malen, Bauen, Tanzen, Spielen, Meditieren und Feiern / Gernot Candolini. - Augsburg : Pattloch, 1999
ISBN 3-629-00800-3

Pattloch Verlag, Augsburg

Umschlaggestaltung: Daniela Meyer, Pattloch Verlag
Layout und Satz: Daniela Meyer, Pattloch Verlag
Druck und Bindung: Druckerei Appl, Wemding
Printed in Germany

ISBN 3-629-00800-3

Abbildungsnachweis
Seite 5, 7, 14, 24, 26, 30, Vorlage 18, 19, 21, 27, 32: Jeff Saward/Caerdroia, Thundersley/England; Seite 6, 47, Vorlage 7, 8, 23: Carl Schuster, New York/USA; Seite 8 li.: Frank Waters, Buch der Hopi; Seite 10, 13, 23 re., 36, 38, 39, 43, Vorlage 1, 2, 3, 11, 13, 14, 15, 16, 25, 31, 36, 38, 39, 40: Gernot Candolini, Pfaffenhofen/Österreich; Seite 11, Vorlage 30, 33: Adrian Fisher, Portsmouth/England; Seite 15: John Kraft, Göttin; Seite 18, Vorlage 9, 20, 24: Nigel Pennik,Geheimnis; Seite 16, 23 li., Vorlage 6, 26: Hermann Kern, Labyrinthe © Prestel-Verlag, München 1982 [dort: Abb. 228: Die Stadt Jericho im Labyrinth, nach Vilnay; Abb. 613: Steinsetzung im Salem Distrikt, Südindien, F. J. Richards, bei Layard, Labyrinth Ritual; Abb. 137 Kato Paphos, W. Koltaj/Dr. Daszewski, Trier; Abb. 626 Cakra-vyuh, Vrhad Karmakanda Baddhati, Mathura, o. J.]; Seite 27, 34, 35: Robert Ferré, St. Louis/USA; Seite 44: Jørgen Thordrup, Bagsværd/Denmark; Vorlage 4: Henri Lhote, Gravures; Vorlage 9: Pedro Friedeberg, Mexiko; Vorlage 10, 12 aus: Alfred Rosenberg, Christliche Bildmeditation; Vorlage 29: Kurt Krüger Marburg/Deutschland; Vorlage 34: Hubertus Halbfas, Religionsbuch für das 4. Schuljahr © 1986 Patmos Verlag, Düsseldorf, S. 5; Vorlage 35: Agnes Barmettler, Zürich/CH

Fotonachweis
Seite 9, 12, 17, 20, 32, 53: © Jeff Saward/Caerdroia, Thundersley/England; Seite 25, 64: © Georg Gerster, Zumikon/CH; Seite 28, 33, 37, 44, 45: © Gernot Candolini, Pfaffenhofen/Österreich; Seite 40, 41: Jørgen Thordrup, Bagsværd/Denmark; Seite 48: © Adrian Fisher, Portsmouth/England; Seite 49: © Carmen Tillmann, Berlin; Seite 56: Hartmut Vogler, aus: Hubertus Halbfas, Religionsbuch für das 4. Schuljahr, S. 88, 89 © 1986 Patmos Verlag, Düsseldorf; Seite 61: © P. Heinz Naab, Franziskanisches Zentrum St. Sebastian, Augsburg

Textnachweis
Seite 55 ff.: Das Labyrinth der Kinder: Hartmut Vogler, aus: Hubertus Halbfas, Religionsunterricht in der Grundschule, Lehrerhandbuch 4, © 1986 Patmos Verlag, Düsseldorf

Inhalt

Das Labyrinth – ein uraltes Zeichen

„Im Labyrinth verliert man sich nicht, man findet sich.
Im Labyrinth begegnet man nicht dem Minotaurus,
im Labyrinth begegnet man sich selbst."
Hermann Kern

Das Labyrinth gehört zu den ältesten symbolischen Zeichen der Menschheit. Seit Jahrtausenden wird es in Felsen oder Ton geritzt, auf Keramiken gemalt, mit Steinen am Boden ausgelegt oder in alte Handschriften gezeichnet. Man findet Labyrinthe auf alten kretischen Münzen, auf etruskischen Vasen, an sizilianischen Gräbern, auf indonesischen Goldringen, aber auch auf Schmuckstücken nordamerikanischer Indianer. Labyrinthe wurden in spanische, englische, russische Felsen geritzt, in französischen Kathedralen als Bodenmosaike ausgelegt und in indische Tempelverzierungen eingebaut, in pakistanische Moscheen geschnitzt. Sie wurden aus englischem und deutschem Rasen gestochen und in Skandinavien, Rußland, Indien und Nordamerika mit Steinen ausgelegt.

In bestimmten Kulturen war das Labyrinth jahrhundertelang in Gebrauch, manchmal jedoch ist die Geschichte seiner Verwendung nur kurz. Am Ende unseres Jahrhunderts erlebt das Labyrinth erneut eine Renaissance: Überall auf der Welt werden derzeit neue Labyrinthe gezeichnet, gebaut und verwendet. Auch diese Blüte wird vergehen, – aber sie wird wiederum Spuren hinterlassen in der vieltausendjährigen Geschichte dieses Symbols.

Das klassische oder kretische Labyrinth ist die Urform des Labyrinths

Was ist ein Labyrinth?

Das ursprüngliche Labyrinth hat im wesentlichen immer die gleiche Form. Von einem Kreuz ausgehend werden anfangs sieben, später mehrere Kreise gezogen, die einen verschlungenen Weg bilden. Dieser Weg hat keine Abzweigungen und bildet keine Sackgassen oder Irrwege. Er führt hin und her, biegt immer wieder nach innen und nach außen ab und gelangt schließlich zur Mitte. Dort ist der Ort der Umkehr. Es führt der gleiche Weg wieder nach außen zurück.

Der Ursprung des Labyrinths

Das Labyrinth entstand im Mittelmeerraum. Das älteste Labyrinth fand man bei Ausgrabungen in Pylos in Griechenland. Beim Brand in einem Palast waren dort vor 3200 Jahren Tontäfelchen gehärtet worden. Auf einer dieser Tafeln war ein Labyrinth eingeritzt.

Im gesamten Mittelmeerraum finden sich viele Felsritzungen von Labyrinthen, die noch älter als das Labyrinth von Pylos sein könnten. Aber während man in der Archäologie Brände sehr leicht datieren kann, ist eine Altersbestimmung bei Felsritzungen nahezu unmöglich.

Das Labyrinth von Pylos, 1200 v. Chr.

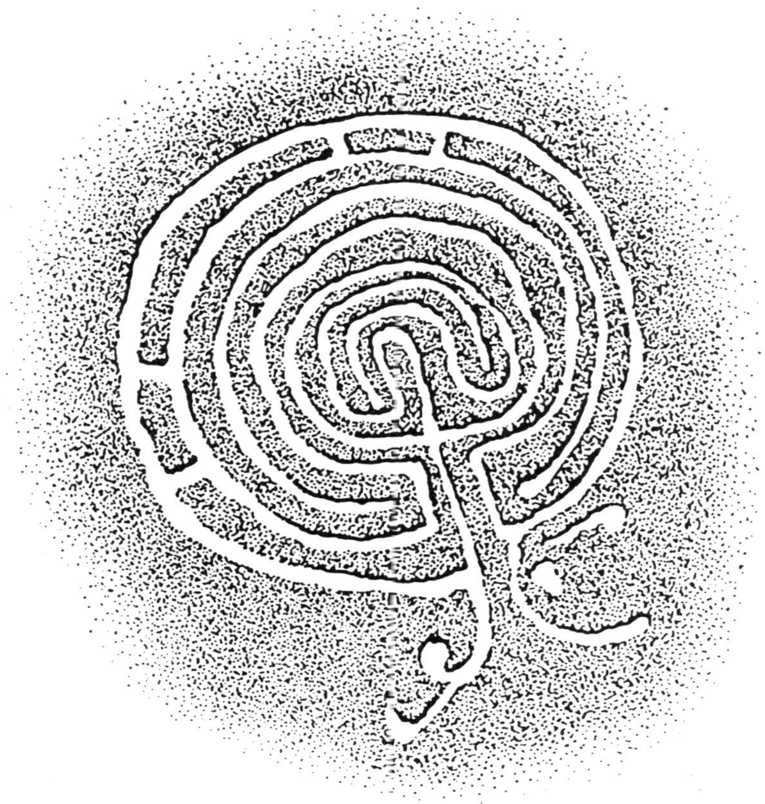

Vorrömische Felsritzung aus dem Val Camonica in Oberitalien

Welche Kultur das Labyrinth erfunden hat, weiß man nicht. Auch nicht, was das Wort Labyrinth bedeuten könnte. Aber es gibt eine berühmte alte Geschichte mit einem Labyrinth auf Kreta und deshalb wird der Ursprung des Labyrinths oft nach Kreta verlegt und die älteste Labyrinthform auch als kretisches oder klassisches Labyrinth bezeichnet.

Die Sage vom Minotaurus im Labyrinth

Die Sage erzählt vom kretischen König Minos, dessen Frau Pasiphe sich in einen Stier verliebt und in der Folge ein schreckliches Stier-Mensch-Ungeheuer, den Minotaurus, gebiert. König Minos beauftragt seinen Architekten Daidalos für dieses Wesen ein Labyrinth als Gefängnis und Aufbewahrungsort zu bauen.

Nach einem verlorenen Feldzug müssen die Athener alle neun Jahre sieben Jünglinge und Mädchen nach Kreta schicken, wo sie dem Minotaurus geopfert werden. Eines Tages ist unter den Auserwählten Theseus, der junge Königssohn von Athen. In Kreta begegnet ihm die Tochter des Königs Minos, Ariadne, die sich in ihn verliebt und ihm einen Faden mit in das Labyrinth gibt. Theseus tötet den Minotaurus und findet mit Hilfe des Fadens der Ariadne den Weg aus dem Labyrinth wieder heraus. Mit den von ihm befreiten Geiseln kehrt er nach Hause zurück und wird König von Athen.

Theseus besiegt den Minotaurus im Labyrinth

Geschichten der Seele

In Mythen, Sagen und Märchen geht es nie um genaue Geschichtsschreibung, sondern um Geschichten, die das Seelenleben widerspiegeln. Sie handeln von Ängsten, Kämpfen und inneren Erlebniswelten, die sich bei vielen Menschen ähnlich abspielen.

Das Labyrinth ist ein Spiegel, ein Bild, ein Symbol für den schwierigen und verschlungenen Lebensweg des Menschen. Es spricht von den Wahrheiten des Lebens, von den Schwierigkeiten und den Kämpfen, aber auch vom Ankommen, von der Mitte und von der neuen Freiheit, wenn man aus dem Labyrinth wieder heraus ist.

Das Labyrinth ist weit verbreitet

Das klassische Labyrinth hat sich über die ganze Welt verbreitet. Vom Mittelmeerraum aus gelangte es zu den seefahrenden Völkern des Nordens, vorbei an der spanischen Atlantikküste, nach England, Island und nach ganz Skandinavien. Sogar weit oben im russischen Eismeer gibt es eine Insel mit 15 Steinlabyrinthen unbekannten Alters.

Auf seiner Reise blieb das Labyrinth im wesentlichen unverändert. Manchmal wurde das Design ein wenig abgewandelt, manchmal ein zweiter Ausgang aus der Mitte angelegt oder die Zahl der Umgänge verändert, die Vorstellungen aber, die mit dem Labyrinth verknüpft wurden und werden, sind die gleichen geblieben. Es ist überraschend in wie vielen Kulturen und an welch unterschiedlichen Orten auf der Welt das Labyrinth gezeichnet und verwendet wurde.

Die Reise um die Welt

In östlicher Richtung verbreitete sich das Labyrinth nach Persien, Afghanistan, Pakistan, Indien, Indonesien und Amerika. Wer sich mit den nordamerikanischen Labyrinthen befaßt, gerät ins Staunen. Die Hopi, Navajo, Pima und Papago verwenden das klassische Labyrinth seit vielen hundert Jahren. Die Form und die Bedeutung, die die Indianer dem Labyrinth geben, ist ähnlich der in Indien. Es gibt Anzeichen dafür, daß

Runde Labyrinthform der Hopi-Indianer

Das Bodenmosaik in der Basilika von El Asnam, Algerien

die Indianer das Labyrinth nicht selbst erfunden haben. Lange Zeit vor Kolumbus scheint es über Kontakte, die bis in den Mittelmeerraum reichten, über den Pazifik zu ihnen gekommen zu sein.

Römische Mosaike

Bei den Römern waren griechische Heldensagen sehr beliebt. So erzählten sie sich auch die Geschichte von Theseus und stellten mit ihm das Labyrinth dar. Die Römer erfanden jedoch einen eigenen Labyrinthtyp, der ihren ornamentalen Mustern besser entsprach. Das römische Labyrinth umkreist die Mitte in der Regel nicht in großen Bögen. Bevor der Weg in den nächsten Quadranten weiterführt, muß immer ein Quadrant ganz durchschritten werden. Die Römer verwendeten das Labyrinth in erster Linie zur Dekoration ihrer Villen und Bäder. Mehrere prachtvolle Mosaike mit Labyrinthen haben sich etwa in Pompeji erhalten.

Das Labyrinth im Christentum

Das Christentum hat das Labyrinth schon früh in seinen Symbolschatz aufgenommen. In einer der ältesten erhaltenen Kathedralen der Welt, der 324 n. Chr. erbauten Reparatusbasilika in El Asnam in Algerien gibt es ein Bodenmosaik mit einem Labyrinth römischen Typs und einem seltsamen Spruchspiel in der Mitte. Vom Mittelpunkt (S) aus, ist in jede erdenkliche Richtung das gleiche Wort zu lesen.

Es ist, als ob damit ausgedrückt werden soll, daß Christus den Kampf mit dem Ungeheuer für die Menschen gewinnt, und in der Umkehr zu neuem Leben führt. Von ihm aus wächst in jede Richtung die Sancta Ecclesia – die Heilige Kirche.

Römisches Labyrinthmosaik in einer Villa in Coimbra/Portugal, 3. Jh. n. Chr.

In frühmittelalterlichen Handschriften finden sich immer wieder Labyrinthdarstellungen. Die ältesten Überlieferungen verwenden das Labyrinth klassischen Typs. Mit der Zeit veränderte es seine Form. Es entstand das sogenannte Otfridlabyrinth (s. Vorlage 9) und das gotische Labyrinth (s. Vorlage 10). In der Gotik erlebte das Labyrinth eine Blütezeit und wurde in vielen gotischen Kathedralen eingebaut.

Das gotische oder mittelalterlich-christliche Labyrinth ist dadurch gekennzeichnet, daß Kreis- und Kreuzmitte miteinander verschmelzen. Das Kreuz rückt in den Mittelpunkt und die Anordnung der Wege wird am Kreuz ausgerichtet.

Das Kirchenlabyrinth von Amiens/Frankreich

Meditieren und Tanzen

Immer schon ist das Labyrinth nicht nur gezeichnet, sondern auch aufgelegt worden. Manche vermuten sogar, daß das Labyrinth zuallererst eine Tanzfigur war, die am Boden aufgezeichnet wurde. Uralte Tänze wie der Geranos, der Kranichtanz, stehen mit dem Labyrinth in enger Verbindung.

In der Gotik fand das Labyrinth Einzug in die Bodengestaltung der Kathedralen. Meist gleich hinter dem Eingang wurde es in verschiedenfarbigen Ziegeln oder Steinen entweder in runder oder achteckiger Form ausgelegt. Die Menschen, die zur Kirche kamen, konnten das Labyrinth begehen und dabei über sich selbst und das Leben nachdenken.

Auch in der Gotik wurde das Labyrinth für Tänze verwendet. So finden sich in den Kirchenbüchern von Amiens, Auxerre, Sens, Reims und Chartres Berichte von liturgischen Ostertänzen. Dabei tanzte der Dekan im Anschluß an die Ostervesper im Dreischritt durch die Gänge des Labyrinths. Die anderen Kleriker faßten sich an den Händen und bildeten einen Kreis um das Labyrinth. Der Dekan trug einen goldgelben Ball, den er den anderen als Symbol für die aufgehenden Ostersonne zuwarf. Gemeinsam wurde dazu der alte Osterhymnus „Victimae paschali laudes“ gesungen.

> *„Den Geranos tanzte man als Gruppe, Tänzer für Tänzer in einer Reihe, die Tanzführer an beiden Enden. Theseus tanzte den Geranos zuerst, indem er um den delischen Altar herum den Ausgang aus dem Labyrinth nachahmte.“*
> *Pollux, griech. Chronist, 2. Jh. n. Chr.*

Rasenlabyrinthe

In England entwickelte sich eine eigene Labyrinth-Tradition. Dort wurden Labyrinthe neben Kirchen oder Dorfplätzen aus dem Rasen gestochen und man beging das Labyrinth auf der stehengebliebenen Grasnarbe. Etwa 30 Rasenlabyrinthe sind in England dokumentiert; acht davon existieren bis heute.

Auch in Deutschland gibt es Rasenlabyrinthe. Einst waren es an die hundert, heute sind noch drei erhalten: in Hannover, Steigra und Graitschen. Während die englischen Rasenlabyrinthe in der Regel die gotische Form haben, sind die deutschen fast immer klassischen Typs. Allerdings oft mit einer Besonderheit: In den meisten deutschen Labyrinthen stößt man in der Mitte nicht an, sondern es gibt einen zweiten Weg heraus. Das ist vor allem für Prozessionen praktisch, denn man muß nicht den gleichen Weg zurückgehen, sondern kann „in einem Zug" das Labyrinth durchschreiten. Diese Labyrinthart findet man auch bei einigen Steinlabyrinthen in Skandinavien. Nachdem zwei der noch erhaltenen deutschen Labyrinthe im Volksmund „Schwedenring" heißen, darf man annehmen, daß es schwedische Soldaten waren, die das Labyrinth im Dreißigjährigen Krieg nach Deutschland brachten.

Gartenlabyrinthe

Erst in der Renaissance wurden Labyrinthe entworfen und gebaut, so wie sich viele ein Labyrinth aufs erste vorstellen: Ein Heckenirrgarten mit vielen Sackgassen und einer schwer zu findenden Mitte. Manche Fürsten hatten zuerst noch Labyrinthe in der Form der französischen Kirchenlabyrinthe in ihre Gärten pflanzen lassen. Aber bald ging die ursprüngliche Form verloren und als Spiel- und Liebesgärten entstanden vielfältigste Irrgartenformen.

Labyrinthe heute

Heute werden überall in der Welt wieder neue Labyrinthe und Irrgärten gebaut. Manchmal greift man dabei auf alte Vorlagen zurück, oft wird aber auch versucht, neue Formen zu entwickeln. Labyrinthe entstehen in Gärten, Kirchen, auf Spiel- und Stadtplätzen und erfreuen sich großer Beliebtheit.

Plan des berühmtesten Heckenlabyrinths in Hampton Court bei London

Das Rasenlabyrinth im Eilenrieder Forst in Hannover

Die Vielfalt der Symbolik

Das Labyrinth ist ein Symbol. Es ist ein Zeichen in einer verborgenen, undeutlichen Sprache, die aber dennoch jeder kennt. Das Labyrinth ist ein Rätsel, ein Geheimnis, aber dennoch kann man es deuten, ihm auf die Spur kommen, es aufdecken und zu sich sprechen lassen. Man kann die eine oder andere Bedeutung hervorholen und betonen, darüber Nachdenken und seine eigenen Schlüsse ziehen.
Genau läßt sich ein Symbol nie beschreiben oder ausdeuten. Alle Aufzählungen sind deshalb nur eine Anregung, das Labyrinth selbst zu interpretieren und zu lesen. Es steckt viel mehr darin, als in den Büchern Platz hat.

Vereinigung von Quadrat und Kreis im Labyrinth

Kosmos – Welt

Durch die Verbindung von Quadrat und Kreis ist das Labyrinth ein Zeichen der Ganzheit des Universums. Erde (Quadrat) und Himmel (Kreis) sind in einem Zeichen verbunden.

Der Mensch hat sich selbst immer als Schnittpunkt der Ganzheit betrachtet. Denn im Menschen vereinen sich Geist und Körper, und beide manifestieren sich in ihm mit großer Kraft.

Steinkreuz aus Gotland/Schweden, gemeißelt im Jahr 1442. Es wurde leider zerstört, doch eine Zeichnung ist erhalten geblieben.

Bei den Hopi-Indianern wird das Labyrinth auch ausdrücklich als Ort der Hochzeit zwischen Vater Sonne und Mutter Erde angesprochen. Die Kreisbahnen der Sonne bilden sozusagen die Kuppel über dem Erdenviereck.

Das Christentum sieht diese Vereinigung noch deutlicher in Jesus Christus, der ganz Mensch und ganz Gott war. Das christliche Labyrinth ist aber nicht Zeichen des Christus, sondern bleibt ein Symbol des irdischen Menschen, ein Zeichen der Welt. In diese irdische Welt dringt das Kreuz ein, der Mensch gewordene Christus verbindet Kosmos und Welt. In den christlichen Labyrinthen rückt das Kreuz in die Mitte des Labyrinths und alle Wege werden am Kreuz angeordnet.

Angst – Tod

Wer in das Labyrinth tritt, ist eingeschlossen. Es gibt kein Ausweichen mehr. Es gibt auch keine letzte Kontrollierbarkeit. Das macht Angst. Es ist ungewiß, ob der Weg überhaupt bewältigbar ist. Es ist ungewiß, was einen erwartet. Sinn oder Sinnlosigkeit, Alles oder Nichts, die Liebe oder das Biest?

Das Geheimnis des Todes ist eng mit diesen Fragen verbunden. Die Raupe löst sich auf und wird zum Schmetterling, der Same fällt in die Erde, stirbt und wird zum Baum. Was ist mit uns, wenn wir sterben? Wo endet das Labyrinth wirklich?

Der Weg in das Labyrinth ist ein Todesweg, ein Weg in die Unterwelt. Der Weg aus dem Labyrinth hat geburtssymbolischen Charakter. Damit ist das Labyrinth ein Todeszeichen und gleichzeitig ein Symbol für die Wiedergeburt.

Geburt – Wiedergeburt

Die Geburt zählt zu den schwierigsten und schmerzhaftesten Vorgängen in der Natur. Während bei vielen Tieren die Kinder vergleichsweise einfach zur Welt kommen, ist die Geburt eines Menschenkindes ein schwieriger und langer Weg, begleitet von Enge, äußerster Kraft, Schmerz, Angst und Todesgefahr.

Jeder weiß heute, daß es anatomisch gesehen eigentlich ein kurzer und gerader Weg ist. Aber es ist ein Weg, der seine Zeit braucht, der sein Maß an Energie, Hingabe und Entbehrung kostet. Ein Weg, der nicht schmerzfrei und nebenbei gegangen werden kann. Bevor das Ziel und mit ihm die Freude der Ankunft erreicht ist, müssen viele Wehen und Wendungen durchlebt werden.

Als der Gelehrte Nikodemus mit Jesus über die höchsten Dinge philosophiert, verwendet dieser das Bild der Geburt, um Nikodemus das geistige Zur-Welt-kommen zu erklären. „Wenn jemand nicht von neuem geboren wird, kann er das Reich Gottes nicht sehen" (Johannes 3,3).

Das Labyrinth ähnelt zwar auch anatomisch ein wenig einer Gebärmutter, aber im Grunde geht es um die symbolische Darstellung der Schwierigkeiten bei einer Geburt. Die geistliche Geburt ist von vergleichbaren Schwierigkeiten wie die natürliche umgeben.

Deshalb sind auch viele moderne Erlösungswege von flüchtiger Wirkung, die ein einfaches, schnelles und schmerzfreies Angebot vorlegen.

Umkehr – Befreiung

Die Labyrinthfigur ist ein Abbild der Umkehr. Nach einem schwierigen, verschlungenen Weg steht man in einer Sackgasse. Hier ist der Ort, der als einzig mögliche Lösung weiterzukommen eine Umkehr fordert. Die Notwendigkeit, sich zu wenden, liegt offensichtlich vor Augen. In dieser Bekehrung liegt die Wurzel der Befreiung, die Befreiung von Angst, Tod und Leid.

Das bedeutet die Befreiung von dieser Welt und damit auch die Befreiung vom Labyrinth. Die Umkehr in der Mitte ermöglicht es, das Labyrinth letztendlich zu verlassen, es hinter sich zu lassen.

Eine der zentralen Aussagen des Christentums ist, daß der Mensch erlöst wird, wenn er umkehrt. Diese Umkehr wird verstanden als Hinwendung zum Glauben. Mit dieser Umkehr verbunden ist die Abwendung vom Bösen und die Hinwendung zum Guten.

Konzentration

Viele, die in ein Labyrinth hineingehen, berichten von der Erfahrung des „Raumwechsels". Man betritt einen vollkommen abgeschlossenen Raum und verläßt den Raum, in dem man sich bisher befand. Die Sicherheit, nicht nach dem richtigen Weg suchen zu müssen, weil der einzig mögliche Weg vorgegeben ist, erlaubt eine rasche Konzentration nach innen.

In einem gut gebauten Labyrinth schwingt der Weg in einem Rhythmus hin und her, der eine Innenzentrierung unterstützt. Ebenso ermöglichen Wendungen im richtigen Radius eine Drehung um die eigene Mittelachse. Das Labyrinth kann durch einfaches Begehen einen Zustand der Konzentration schaffen, der bei anderen Entspannungstechniken viel Vorarbeit und Übung benötigt.

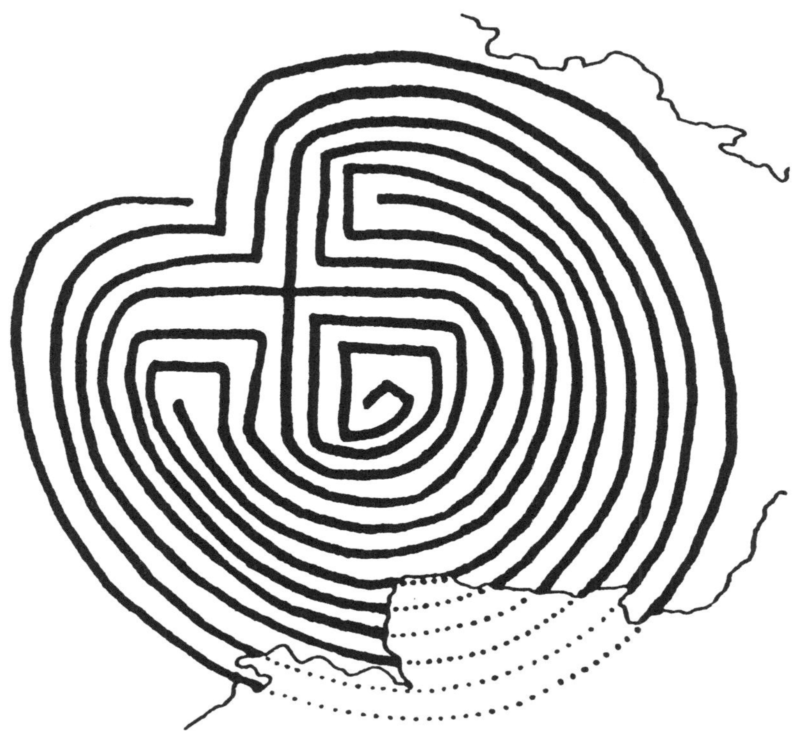

Labyrinth auf der Außenmauer der Kirche in Seljord/Norwegen

Stadtmauern

Manche Labyrinthe heißen „Trojaburg". Dieser Name nimmt Bezug auf die antike Stadt Troja. Die gewaltigen Mauern dieser Stadt waren nur mit einer List zu bezwingen. Eine ähnliche Geschichte wird von Jericho erzählt, einer Stadt im alten Israel, die ebenso uneinnehmbar war und nur durch göttlichen Beistand bezwungen werden konnte. Noch eine dritte Stadt ist mit dem Labyrinth verbunden, und zwar Konstantinopel. Ein Geschichtsschreiber berichtet von einem Labyrinthtanz zur Stadtgründungsfeier.

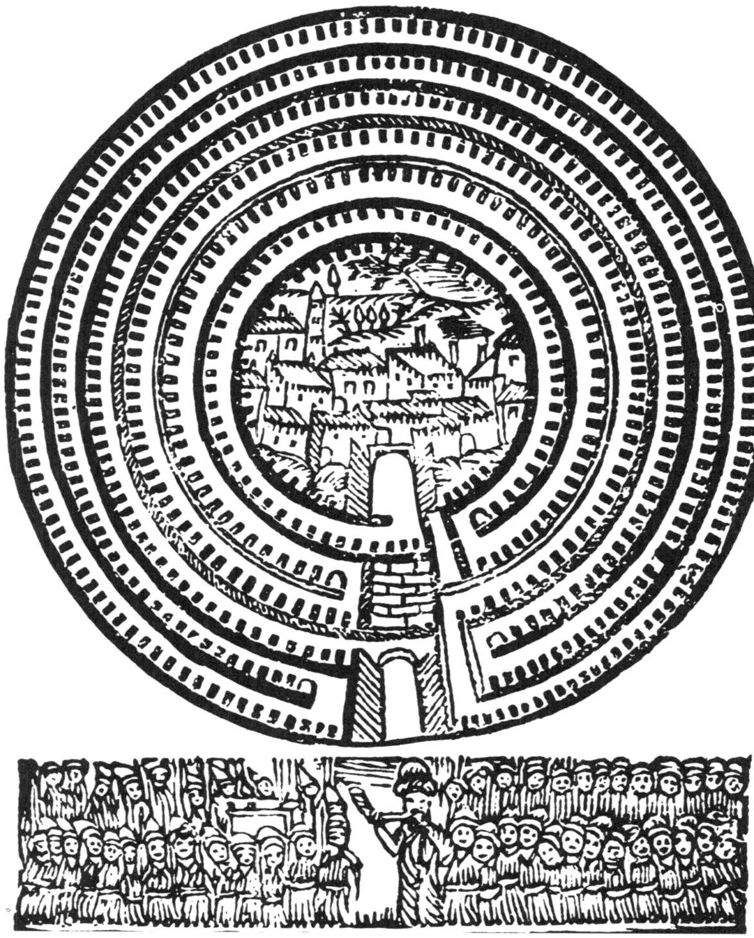

Jericholabyrinth aus einer italienischen Handschrift aus dem 9. Jhd.

Das Labyrinth symbolisiert die starken Mauern. Es ist ein Zeichen für Stärke und Uneinnehmbarkeit. Es ist auch ein Zeichen, daß wertvolle und wichtige Eroberungen echter und engagierter Mühe bedürfen.

Weg – Lebensweg

Die Wegsymbolik, das Labyrinth als Metapher für den menschlichen Lebensweg ist die zentrale Bedeutung des Labyrinths.

Wer ein Labyrinth betritt, hat das Ziel bereits vor Augen. Die Distanz scheint nur kurz zu sein. Doch der Weg führt um die Mitte herum, und dann sogar immer weiter weg, hinaus in die Wirrungen des Labyrinths. Langsam stellt sich die Frage ein, ob man überhaupt noch auf dem richtigen Weg ist, ob es noch sinnvoll ist, weiterzugehen, wo das Ziel doch schon längst aus den Augen verloren ist.

Irgendwann gelangt man praktisch dort an, von wo man aufgebrochen ist. Kein Fortschritt ist zu erkennen. Weit ist man gegangen, und nun ist man wieder (fast) beim Punkt Null, beim Ausgangspunkt. Aber jetzt biegt der Weg wieder zur Mitte. Und dann, auf einmal, unvermutet schnell, ist man am Ziel.

Die Distanz zwischen Ausgangspunkt und Ziel mißt bei gotischen Kirchenlabyrinthen etwas über 6 m. Tatsächlich legt man ca. 240 m zurück. Der Weg ist vierzigmal länger. Und es gibt auf diesem Weg keine Abkürzungen. Es muß alles gegangen, alles erfahren sein. Die einzige Alternative wäre stehen bleiben, den Weg verweigern. Aber das führt sicher nicht zum Ziel. Nichts kann ausgelassen und nichts übersprungen werden, keine Kehre und kein Umdenken, keine gute und keine schlechte Erfahrung, kein Tag und kein Schritt. Man geht und geht und hat doch das Gefühl, jedes Vorwärts führt zurück.

Das Labyrinth zieht elf Kreise. Elf ist in der christlichen Zahlensymbolik die Zahl der Unvollkommenheit. Man geht den Weg zur Mitte immer als unvollkommener Mensch, mit allen

Fehlern und Irrtümern. Aus diesem Horizont kann keiner ausbrechen, auch die nicht, die sich auf eine ehrliche und gläubige Suche begeben. Unvollkommenheit, ja Schuld gehören zum Weg des Menschen.

Das große Rasenlabyrinth von Saffron Walden in England existiert noch heute.

Das Labyrinth ist ein Hinweis darauf, daß der Weg des Menschen zu seiner eigenen Mitte ein anspruchsvoller Weg ist. Rasch und billig ist hier nichts zu haben. Wer wirklich sich selbst, den Sinn des Lebens, Gott erfahren will, der muß wissen, daß er sich auf etwas einläßt. Ohne die Bereitschaft, den Weg mit all seinen Kehren und in seiner ganzen unbekannten Länge auf sich zu nehmen, geht nichts.

Das Labyrinth ist ein Symbol des Lebens. Auch wenn das Leben geprägt ist von Unvollkommenheit, Leid, Entfremdung, Verwirrung, Erfolglosigkeit und Durststrecken, das Labyrinth ist eine Ermutigung und eine Einladung, sich auf den Weg zu machen. Es will ermutigen, zu gehen und weiterzugehen, weil es ein Ziel gibt: Am Ende des Weges wartet die Mitte.

Das gotische oder mittelalterlich-christliche Labyrinth

» *Keiner ist so nahe, daß er nicht sehr weit weg kommen kann. Keiner ist so weit weg, daß er nicht zur Mitte finden kann. Nicht ein bestimmter Abschnitt des Weges ist ausschlaggebend, sondern der ganze Weg – Nähe und Ferne, Anfang und Ende.* «

nach einem Text von Wilhelm Müller

Das Geheimnis vom Weg heraus

Das Labyrinth hat zwei Wege, den hinein in die Mitte, und den heraus aus der Mitte. Theseus braucht keine Hilfe, um in der Mitte den Minotaurus zu finden, aber er brauchte den Faden der Ariadne, um den Weg hinaus zu finden. Es ist leichter zu einer Heldentat aufzubrechen, als zur Liebe. Der Weg hinein ist ein starker, ein spannender Weg auf ein Ziel zu. Der Weg heraus ist ein stiller, ein demütiger Weg. Man kennt ihn schon, und doch ist er wieder lang, für manche zu lang. Aber es braucht diese Zeit, diesen Weg zurück, um die bisherigen Erlebnisse zu bedenken und zu verinnerlichen. Wer den Weg heraus für unwichtig hält, eilt vielleicht als Held von Abenteuer zu Abenteuer, und wird dabei doch nur unruhiger, unzufriedener und auch liebloser.

Der Weg heraus ist der Weg nach Hause. Das Abenteuer ist vollbracht, Erkenntnis ist gewonnen, aber jetzt erst kommt das Wichtigere. Wer aus der Labyrinthmitte herauseilt, über alle Begrenzungen steigt, und dabei meint, daß ja die Mitte erreicht und damit alles schon erledigt ist, hat den wichtigeren Teil versäumt. Denn der Weg heraus führt zur Güte, zur Demut und zur Liebe.

Das Labyrinth erfahren

Wir nennen unsere Epoche das Informationszeitalter. Schulen, Universitäten, Wirtschaft, Politik und Kultur haben das gesprochene oder geschriebene Wort zum wichtigsten Medium gemacht, um einander etwas mitzuteilen. Angesprochen wird vor allem das durch Worte und Sätze abstrahierte Wissen. Die „Flut der Worte" ist inzwischen so groß geworden, daß das Interesse zuzuhören oder zu lesen bei vielen Menschen nachläßt.

In den Schulen sitzen oft 30 Kinder hinter ihren Tischen und bemühen sich den Worten eines „Wissenden" zu lauschen. Sie schreiben mit, um diese Worte möglichst genau wiederzugeben, wenn sie geprüft werden. Gelingt ihnen dieser Vorgang ausreichend, bekommen sie eine entsprechende Note und am Ende eine Bescheinigung, daß sie Informationen zu einem Fachgebiet ausreichend wiedergeben konnten. Ob sie wirklich Wissende geworden sind, danach fragt keiner.

Es stellt sich auch die Frage, wie sehr kann man überhaupt etwas be-greifen oder ver-stehen kann, das nicht mit den Händen oder Füßen gelernt wurde? Viele PädagogInnen sind sich einig, daß Begreifen immer etwas mit Greifen, mit Spüren zu tun hat. Was gespürt wurde, kann ganz anders begriffen werden, als es durch reine „Wortvermittlung" geschehen kann.

Die Erfahrungen der Füße

Das Labyrinth ist ein Erfahrungssymbol. Es kann konstruiert, bemalt, mit den Fingern abgefahren oder abgegangen werden. Am stärksten werden die Grundaussagen beim Gehen spürbar.

In einen unübersichtlichen Weg eintreten, sich wenden, an den Rand geraten, unsicher werden, weitergehen, in der Mitte ankommen, umkehren, wieder hinausgehen – meist ganz unbewußt werden hier grundlegende Lebenserfahrungen gespürt. Füße, Körper und Sinne gehen einen Weg, der nicht zuerst verstanden werden muß, um erfahrbar zu sein. Diese Erfahrungen haben oft eine Qualität, die sich so einprägen kann, daß wirkliches Wissen daraus entsteht. Etwas geht in "Fleisch und Blut" über. Besonders Kinder haben einen spontanen und unreflektierten Zugang zu Symbolen.

Wenn Kinder ein Labyrinth sehen, gehen sie direkt darauf zu, benutzen es und fragen nicht lange, was es bedeutet. Sie nehmen die Aussage des Symbols auf, auch wenn sie nichts darüber erzählen könnten. Kinder braucht man nie mit Erklärungen zu überhäufen, sie haben das Wichtigste meist längst verstanden.

Erwachsene neigen eher dazu, etwas wissen zu wollen, es zu verstehen, es erklären zu können, etwas zu durchschauen. Selten lassen sie sich auf etwas Unbekanntes ein, ohne vorher Grundinformationen gesammelt zu haben.

Wer als Erwachsener oder mit Erwachsenen in das Labyrinththema einsteigt, wird bei der Kulturgeschichte beginnen und bei einer Einführung zum Thema: Was ist eigentlich ein Labyrinth?

> *„Wirkliche Symbole können nicht als Probleme gelöst werden. Wir können vieles zu ihrer Geschichte, ihrem Gebrauch, dem Spektrum ihrer Bedeutungen erforschen, doch bleiben sie bei noch so gründlicher Erklärung nie vollständig verstehbar. Ein Geheimnis, das durch Erklärung lösbar wird, war nie eins. Das Geheimnis muß erfahren, verehrt und ins eigene Leben aufgenommen werden. Ein Symbol gehört niemals nur dem bewußten Bereich an, sondern es verbindet Bewußtes und Unbewußtes in sich.“*
>
> nach H. Halbfas

Theorie: Was ist ein Labyrinth?

Ein Labyrinth ist eine Figur bei der ein hin- und herführender Weg, der von außen in ein Zentrum führt, die vorhandene Fläche kreuzungsfrei und größtmöglichst ausfüllt.

Von vielen theoretischen Möglichkeiten haben sich in der Kulturgeschichte nur drei Labyrinthtypen etabliert, nämlich die klassische (= kretische), die römische und die mittelalterlich-christliche (= gotische) Form. Von diesen Formen gibt es jedoch je nach Kulturkreis unzählige Abwandlungen und künstlerische Ausformungen.

Zum Wesen des Labyrinths gehört es auch, daß im Labyrinth ein Sinnbild, eine Botschaft verborgen ist, die sich je nach dem Zusammenhang in dem das Labyrinth steht, deuten läßt.

Hinführen

Die erste konkrete Begegnung mit dem Labyrinthsymbol kann unterschiedlich erfolgen. Man kann sich einfach eine Vorlage aussuchen, oder in einer Gruppe verteilen und warten, was einem so kommt, oder was die Betreffenden damit anfangen.

- Will man es ausmalen, mit dem Finger abfahren, aufbauen, oder sonst etwas? Welche Gedanken gehen einem durch den Sinn?
- Mit allgemeinen Fragen wird der Einstieg erleichtert: Was ist in diesen Linien zu sehen? Was im Leben ist wie ein Labyrinth? Was ist ein Labyrinth? Was bedeuten diese Linien? Was bedeutet das Kreuz, der Kreis, die Windung, die Farben, etc.? Im Labyrinth geht es immer hin und her. Was geht noch hin und her? Wo ist die Mitte? (Im klassischen Labyrinth gibt es eine Kreismitte, eine Kreuzmitte und manchmal sogar eine dritte Mitte, wenn das Zentrum, in dem man ankommt, außerhalb der Kreismitte liegt.)
- Mit einem Buntstift kann der Weg durch ein Labyrinth nachgezeichnet werden.
- Ein meditativer und konzentrierter Zugang kann dadurch erfolgen, daß man ein Labyrinth hinter eine Klarsichtfolie gibt und versucht einen eingefärbten Wassertropfen den Labyrinthweg entlangrinnen zu lassen.
- Man kann auch ein Labyrinth kopieren, in ein leeres zweites Blatt ein Loch stanzen und mit dem Loch den Labyrinthweg suchen. Das Deckblatt sollte in diesem Fall blickdicht sein.

Ein immer aufschlußreicher Einstieg mit einer Gruppe

Dieser Einstieg in das Arbeiten mit dem Labyrinth eignet sich in jeder Gruppe und wird auch nach vielen Wiederholungen nie langweilig.

Während die Teilnehmer ein vorgelegtes Labyrinth mit einem Stift ausmalen, sitzt der Leiter an einem günstigen Platz oder geht unauffällig umher und spitzt die Ohren. Er schreibt jede Bemerkung, die die Teilnehmer während des Ausmalens so vor sich hinmurmeln und die er vernehmen kann, auf. Zum Beispiel: „Da war ich schon einmal" oder „Da kommt man ja nie an", usw. Wenn alle fertig sind, liest er die Meldungen vor und stellt folgende Verbindung her: Im wirklichen Leben ist es nicht anders. Diese Sätze sind sozusagen aus dem Leben gegriffen.

Anschließend können gezielte Fragen zum Einstieg in ein Gespräch gestellt werden: „Zu welchen Sätzen können wir eine reale Lebenserfahrung erzählen?" „Was sagt das Labyrinth aus, das wir im Leben nicht erfahren haben?"

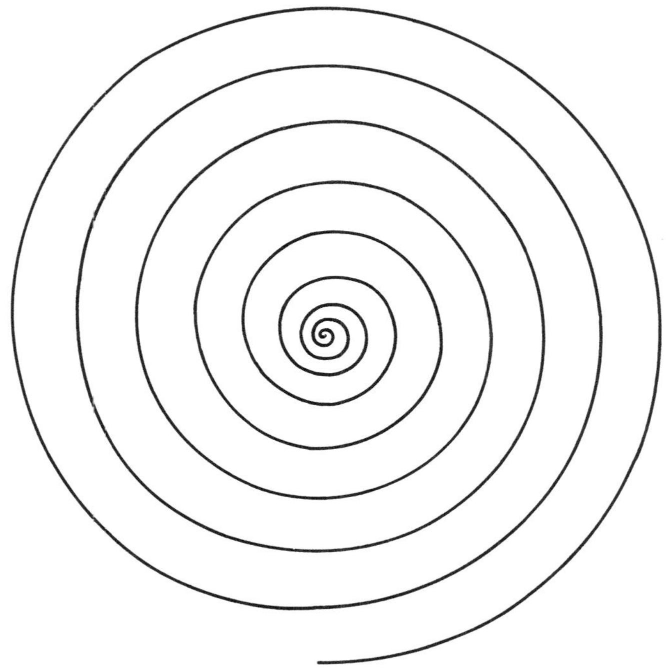

Die Spirale ist das allererste Symbol der Mitte

Die Spirale

Die Spirale ist eine dem Labyrinth ähnliche, wesentlich einfachere Form, die sich als Einstieg in das Labyrinththema gut eignet. Die Spirale ist das allererste Symbol der Mitte und in vielen Kulturen das erste abstrakte Zeichen überhaupt.

Die Sahararegion etwa hatte vor ca. 10 000 Jahren ein wesentlich günstigeres Klima und war ein bedeutender Kulturraum. Viele Felsbilder zeigen neben der Tierwelt viele Arten von Spiralen. Es gibt Einer-, Zweier-, und Dreierspiralen, manchmal sind auch zwei Fäden parallel eingedreht, wodurch eine Doppelspirale entsteht. Wahrscheinlich stellen diese Spiralen Mutter und Kind dar, beziehungsweise Mutter, Vater und Kind.

In einem Raum mit Tannenzweigen, Schnüren oder beliebigem Material, im Freien mit Holzscheiten, Steinen, Kerzen oder Bändern, läßt sich ein Weg mit beliebig vielen Spiralkreisen auslegen. Themen wie zur Mitte gelangen, etwas bringen, umkehren, etwas empfangen können mit der Spirale erlebt werden. Wenn man zwei oder mehr Spiralen in Verbindung bringt, kann man weitere Themen, wie zum Beispiel Beziehungsthemen aufgreifen.

Wenn nun mit dem Labyrinth weitergearbeitet wird, werden natürlich besonders die Unterschiede zwischen Spirale und Labyrinth deutlich.

Der spontane Zugang

So reizvoll tiefsinnige Interpretationen sind, so hat doch nicht jeder dafür Interesse. Das macht auch nichts, denn es besteht ja keine Notwendigkeit, vor allem bei Kindern, immer alles zu erklären.

Steinsetzung in der Nähe der verfallenen Stadt Kundani/Indien. Klassische Labyrinthform mit Spirale in der Mitte

Klassisches Labyrinth mit der Mitte im Kreiszentrum

Ein aufgelegtes Labyrinth kann ganz ohne Einführung und Erklärung von alleine wirken.

Als ich einmal bei einer Gartenschau ein Labyrinth aufbaute, saß ich oft stundenlang daneben und beobachtete die Leute.

Kinder haben keine Scheu und gehen einfach darauf los. Besonders die Kleinen wollen gar nicht mehr aufhören und gleich wieder losgehen, wenn sie am Ende angekommen sind. Ich sehe noch den dreijährigen Bub vor mir, der mit seinem Vater verhandelte. „Zehnmal“ sagte er bittend. Der Vater schien sich sicher zu sein, daß die Sache bald beendet sein würde und stimmte zu. Etwa eine Stunde später sagte der Kleine: „Noch einmal zehnmal“. Dem sichtlich verwunderten Vater gelang es gerade noch dies auf den nächsten Tag zu verschieben.

Viele bleiben am Eingang stehen, versuchen mit den Augen erst einmal den Weg abzugehen – was praktisch nie gelingt – und wagen sich nicht hinein. „Das dauert zu lange“, und „da verirre ich mich“, sind die am häufigsten gehörten Sätze. Da nützt auch kein Plakat am Eingang, daß es nur vier Minuten dauert, und man sich nicht verirren kann.

Es gibt aber auch viele, die in das Labyrinth hineingehen. Mir ist außer den kleinen Kindern keine Gruppe mehr aufgefallen, die irgendwie besonders heraussticht. Es sind alte Frauen darunter, junge Männer, Teenies und Familien, Manager und Sandler.

Eine Gruppe ist mir freilich doch aufgefallen, und sie ist zu meinem Erstaunen gar nicht so klein. Nämlich die, die nicht das erste Mal ein Labyrinth begehen. Da freut man sich dann über Sätze wie: „Oh, ein Labyrinth, ein richtiges Labyrinth!“

Ein Labyrinth malen und gestalten

Das Labyrinth kann bemalt werden, indem man zuerst den Weg zur Mitte einzeichnet oder ausmalt. Oder man hat mehr die Gestaltung des Labyrinths im Blick und beginnt mit den Begrenzungslinien des Weges. Interessant ist auch die Konstruktion eines Labyrinths. Das klassische Labyrinth wird nach einem relativ einfachen und doch überraschendem System konstruiert. Praktisch jeder ist fasziniert davon. Anfangs machen viele meist kleine Fehler, weil man sehr genau sein muß. Aber fast alle versuchen es so lange, bis es geschafft ist.

Labyrinthe konstruieren

Das einfachste Labyrinth besteht aus nur drei Umgängen. Grundschema ist ein Kreuz und vier Punkte. Vom Kreuz aus wird zuerst ein Bogen zum rechten Punkt gezogen und ein zweiter vom linken Punkt zum rechten Ende der horizontalen Kreuzachse. Dann setzt man am linken Ende der horizontalen Kreuzachse an und fährt zum rechten unteren Punkt. Mit dem vierten Bogen ist das Labyrinth fertig.

Dieses einfachste aller Labyrinthe kommt jedoch in der Geschichte praktisch nicht vor, und es stellt sich sogar die Frage, ob es überhaupt ein Labyrinth ist. Der Weg wendet sich zwar hin und her, aber immer nach innen.

Man könnte der Labyrinthdefinition noch ein weiteres Merkmal anfügen, nämlich, daß sich der Weg in unregelmäßiger Abwechslung von der Mitte weg und zur Mitte hin wenden muß. Genau das ist im klassischen und allen anderen Labyrinthen der Fall.

Altes Steinlabyrinth auf der Jungfrauinsel/Schweden

Konstruktionsplan für ein klassisches Labyrinth I

Grundschema für die Konstruktion eines klassischen Labyrinths mit sieben Umgängen ist ein Kreuz, dazu vier Ecken und vier Punkte. Vom Kreuz wird zur ersten Ecke ein Bogen gezogen. Dann ein Bogen nach dem anderen, wobei immer das nächste Eck oder Punkt mit dem nächsten Eck oder Punkt auf der anderen Seite verbunden wird. Wenn man eines ausläßt, ist alles falsch. Einfach solange wiederholen, bis man es hat.

Konstruktionsplan für ein klassisches Labyrinth II

Es gibt noch eine etwas kompliziertere Konstruktionsmöglichkeiten des klassischen Labyrinths, indem man auf die Ecken verzichtet und dafür die Linien um die Punkte herumführt.

Durch diese Konstruktionsweise wird einem das Ineinandergreifen der Wege bewußter und das Hin- und Herschwingen der Wege kann mit der Hand nachvollzogen werden. Es ist aber eine größere Genauigkeit beim Einhalten der Linienabstände Voraussetzung für ein gelingendes Labyrinth.

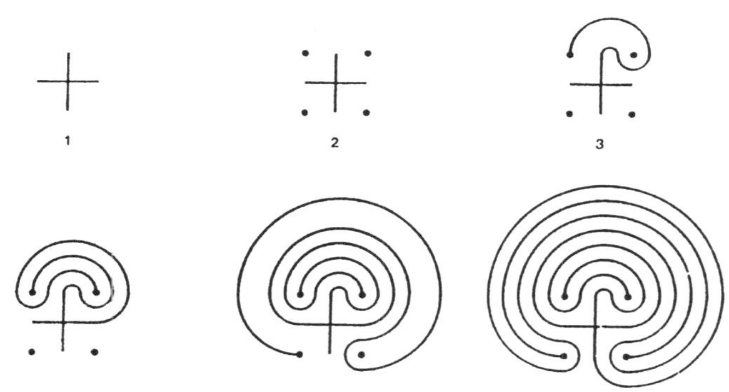

Konstruktionen mit mehr Umgängen

Die meisten skandinavischen Trojaburgen bestehen aus elf Umgängen. Dazu ist es notwendig, jeweils eine Ecke mehr zu verwenden. Zwei Ecken mehr ergeben 15 Umgänge oder ein 15 Pfade-Labyrinth.

Wen das Konstruktionsfieber gepackt hat, der wird es vielleicht auch bis 27 Umgänge oder mehr probieren. Auch das Erfinden neuer Labyrinthe ist reizvoll und man kann dabei entdecken, daß es mit einem Fünferstern und fünf Punkten funktioniert, mit einem Sechserstern und sechs Punkten aber nicht.

Konstruktionsplan für ein gotisches Labyrinth

Die Konstruktion eines gotischen Labyrinths ist schwierig und gelingt nicht aus dem Handgelenk. Man beginnt mit einem Kreuz und zeichnet dann mit dem Zirkel in der Regel 12 konzentrische Kreise.

Für die Mitte ist dabei im Labyrinth von Chartres etwa ein Viertel des Gesamtdurchmessers vorgesehen. Nun zeichnet man den Eingangsbereich. Der erste Weg geht in den fünften Bogen hinein. Die eingetragenen Punkte zeigen an, wo der Weg die vorgegebenen Linien durchbrechen muß.

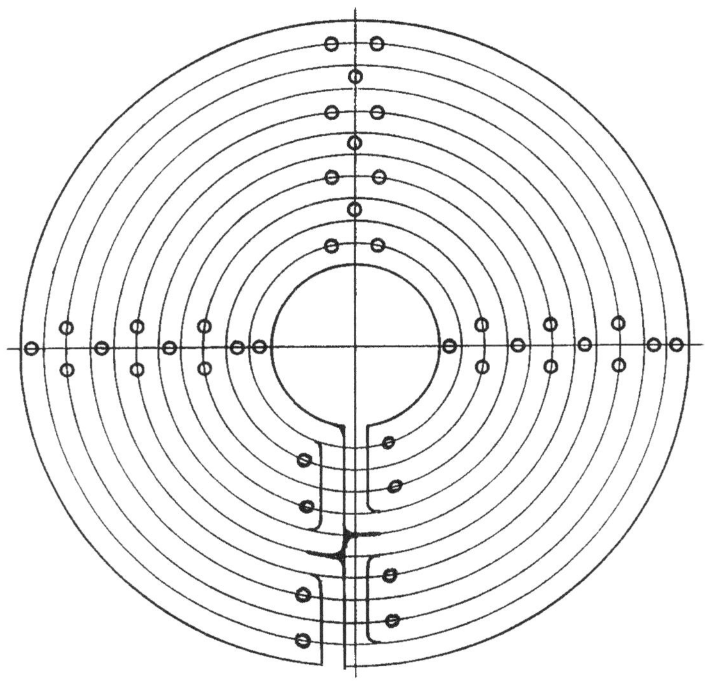

Malen mit dem Labyrinth

Das Labyrinth eignet sich auch sehr gut zum Bemalen. Mit Farben kann die momentane Stimmung ausgedrückt werden. Das selbst ausgemalte Labyrinth wird plastischer und verwandelt sich von der allgemeinen Vorlage zu „meinem" Bild. Die Art der Farben, die beim Bemalen gewählt werden, kann faszinierende Seelengeschichten entstehen lassen oder bei Kindern das meist unbewußte aber tiefe Symbolverständnis hervorlocken.

Das Labyrinth als Mandala

Manche Labyrinthe lassen sich auch wie ein Mandala verwenden. Ein Mandala ist eine runde, auf eine Mitte zentrierte Form. Das Wort kommt aus der altindischen Sprache Sanskrit und bedeutet „Kreis". Mandalas finden sich beinahe in jeder Religion oder Kultur: Als Felszeichnung, als indianisches Medizinrad, als gotische Fensterrosette, ...

Das Ausmalen von Mandalas hat auf Menschen eine beruhigende Wirkung. Verschiedene Labyrinthe sind dafür geeignet, allerdings muß man sagen, daß die Form und die Linien eines Labyrinths immer auch etwas Spannendes haben und somit nicht ausschließlich beruhigend wirken, wie etwa streng symmetrische Muster. Auch wenn die meisten Labyrinthe auf den ersten Blick symmetrisch wirken, ist keines wirklich symmetrisch. Es ist sogar theoretisch unmöglich, ein symmetrisches Labyrinth zu konstruieren. In jedem Labyrinth steckt nicht nur die Harmonie des Kosmos, die in den Mandalas ausgedrückt werden soll, sondern auch die Unordnung der Welt und des menschlichen Lebens. Ein Labyrinth kann also auch sehr „aufregend" wirken.

Mit den Farben spielen

Es gibt viele Möglichkeiten, die Vorlagen mit Farben auszumalen: von innen nach außen, in frei gewählten Farben; von außen

Schulhoflabyrinth in Innsbruck – Amras

nach innen, immer heller werdend; entlang der Kreise oder entlang des Weges. Bei manchen Vorlagen kann man den Weg selbst und die Begrenzung ausmalen, manchmal nur den Weg.

Man kann auch versuchen, einen zusätzlichen symbolischen Inhalt mit den Farben auszudrücken, wie es beim Schulhoflabyrinth in Amras geschah.

Malaktion im Freien

Wer daran denkt, ein Labyrinth im Freien aufzumalen, sollte den Aufwand nicht unterschätzen. Aber mit guter Vorbereitung hat eine Schulklasse oder Jugendgruppe große Freude an einer solchen Aktion. Die Farben sollten unbedingt im voraus ausgetestet werden. Am haltbarsten sind Straßenmarkierungsfarben, die aber aufgrund der Dämpfe für eine Arbeit mit Kindern ungeeignet sind. Es kann sich auch ein Versuch mit Fingerfarben lohnen. Falls es in den darauffolgenden 30 Stunden regnet, schwimmt alles davon. Wenn jedoch die Sonne kräftig auf das Kunstwerk scheint, und die Nacht nicht feucht ist, so halten Fingerfarben überraschend gut. Alle Farben blättern jedoch im Winter ab. Da hilft nur nachmalen. Falls jemand eine besonders gute Farbe oder eine neue Technik findet, würde es uns freuen davon zu hören.

Das Schulhoflabyrinth von Amras

Viele Schulvorplätze empfangen die Menschen in schlichtem Grau. Meist erkennt man ein Schulgebäude nur an seiner stallungsähnlichen Architektur und an einigen Scherenschnittschneeflocken an den Fenstern. Wenige Kindergärten und Schulen wagen sich mit Farbe in die Umgebung.

Nicht eine Einmalaktion, sondern etwas Buntes, das die Kinder länger benützen, wollte die Schulleiterin der Volksschule Amras und entschied sich für ein Labyrinth.

Wenn ich mich am Morgen meiner Schule nähere, höre ich Kinderlachen und Kindergeschrei. Es sind die Schüler, die auf das Einlaßklingelzeichen warten. Sie sind beschäftigt mit dem Durchschreiten, Durchlaufen unseres Labyrinthes, eines bunten auf den Boden gezeichneten Farbbandes. Vor allem die Kleinen trippeln gerne die 50 Meter ab. Dasselbe Bild sieht man in der 15minütigen Pause. Wer ist schneller? Wer kann geschickt ausweichen? Wer kann überholen ohne den Spielpartner zu berühren? Kinder erfinden gerne, sind kreativ.

Für unsere Handycapkinder ist es ein wichtiges Bewegungsspiel im Freien. Beim Schreiben muß oft die Hand einen Richtungswechsel vollführen, um ein Wort zu Papier zu bringen. Beim Durchschreiten des Labyrinthes erlebt das Kind dieselbe ständige Änderung des Weges – der Richtungswechsel im Schriftzug wird körperlich nachvollzogen. Unser Labyrinth ist eine Bereicherung, ein Lehrmittel im Freien, das auch nach den Unterrichtszeiten Schülern wie Erwachsenen zur Verfügung steht."

Margarete Habringer, Schulleiterin

Andere Möglichkeiten, ein Labyrinth herzustellen

Material	**Werkzeug**
Holz	Schnitzmesser, Ausbrennen mit Lötkolben
Ton	Ritzstift
Stoff	Verschiedene Stoffe, Klebstoff
Steingravuren	Auf einen weichen Stein wird eine Gummischablone gelegt. Mit einem Sandstrahlgerät kann nun die Form herausgefräst werden.
Steinbilder Glaskugeln	Wasserfeste Malstifte oder Lacke
Wandbilder	Kork oder ähnliche Materialien aufkleben und ausschneiden oder Plakat zuerst ausschneiden und mit Tapetenkleister ankleben.
Samenbilder	Gewünschte Form vorkleben und Samen (Sand) aufstreuen.

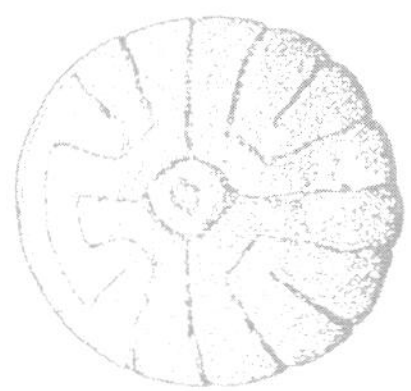

Ein Labyrinth bauen

Das Labyrinth ist vor allem ein Symbol des Lebensweges, des Unterwegs-Seins. Deshalb ist auch das Erlebnis und die Kraft des Labyrinths am besten erfahrbar, indem man ein Labyrinth begeht. Ein Labyrinth zu bauen ist demnach die „Königsdisziplin" im Umgang mit dem Labyrinth. Ein gemeinsamer Labyrinthbau kann zu einem schönen und unvergessenen Gemeinschaftserlebnis werden.

Die Wahl des Ortes

Jeder Mensch hat ein natürliches Gespür für einen guten Platz. Es genügt, seinem eigenen Gefühl für den richtigen Ort zu vertrauen, wobei es notwendig ist, diesem intuitiven Wissen eine Zeitlang volle Aufmerksamkeit zu schenken. Wer diese Gabe bei sich verkümmern hat lassen oder ein Perfektionist ist, kann einen geomantischen Spezialisten beiziehen, der Erdströme und Wasseradern ausfindig machen kann, der vor allem aber sein natürliches Gespür für Orte und deren Ausstrahlung bewußt geschult hat.

Leider ist es in den seltensten Fällen möglich, das Labyrinth genau dorthin zu bauen, wo der Ort die richtige Atmosphäre

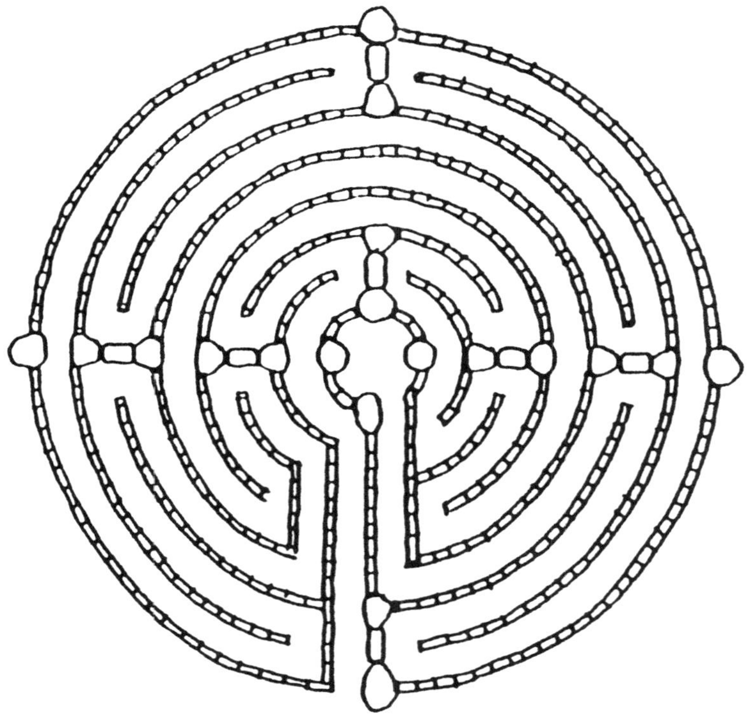

Das kleine gotische Labyrinth, wie es beim Dom von Linköping/Schweden von Lars Nyberg gebaut wurde.

dazu hat. Zu viele Zwänge schränken die Auswahl ein, und man muß leider zu oft auf den einzigen Platz ausweichen, der nicht von anderen Interessen belegt ist. Gerade bei fix installierten Labyrinthen sollte jedoch unbedingt der Mut vorhanden sein, auf den Bau ganz zu verzichten, wenn der Ort einfach nicht paßt.

Bei der Auswahl des Ortes können folgende Kriterien helfen:

- Entspanntes und konzentriertes Gehen im Labyrinth benötigt einen gewissen Freiraum. Das Gefühl der Beengung darf nicht aufkommen. Ist der nächste Zaun, die nächste Mauer oder Hecke vom Labyrinth weit genug entfernt?
- Kann man das Labyrinth zu gewissen Zeiten „geschützt" gehen, ohne dabei beobachtet zu werden? Es sollte nicht zu viele Fenster in Sichtweite geben. (Freilich kann ein Labyrinth, das hauptsächlich von Kindern benützt wird, gerade deshalb „gut liegen".)
- Wenn der Platz keine Ausrichtung des Labyrinths vorgibt, sollte eine West-Ost- Ausrichtung überlegt werden. Der Eingang ist in der Regel im Westen. Westen als Ort des Sonnenuntergangs wird immer als Ende, Tod, Welt verstanden. Das Labyrinth führt davon weg Richtung Osten, Richtung Leben.
- Worauf fällt der Blick hinter dem Labyrinth, wenn man in der Mitte steht? Ein markanter Baum wäre ideal.
- Kann man das Labyrinth von einem erhöhten Punkt aus betrachten?
- Hat der Platz auch ohne Labyrinth eine „heimelige" Atmosphäre?

Der Schutz des heiligen Raumes

Jedes Labyrinth markiert einen besonderen Ort. Jedes Labyrinth übt eine „magische Anziehungskraft" aus, der sich niemand entziehen kann.

Kinder reagieren in der Regel am direktesten auf Labyrinthe. Sie stürmen darauf zu und hinein. Sie haben keine Angst, etwas falsch zu machen. Genau dieses Gefühl hält viele Erwachsene ab, ihrer inneren Lust zu folgen und es einfach zu versuchen. So bleiben viele am Rand stehen und beobachten lieber die Kinder.

Wenn mit einer Gruppe diese Barriere überwunden werden soll, muß der Ort entsprechend vorbereitet sein. Je tiefgehendere und intimere Erfahrungen möglich sein sollen, desto mehr Aufmerksamkeit benötigt auch die entsprechende Gestaltung des Ortes und seiner Umgebung.

Heilige Orte oder Räume sind überall dort, wo der Mensch mit sich selbst, seinem Inneren und mit der geistigen Welt in Berührung kommt. Wenn das Labyrinth als Weg nach innen, als Weisheitsweg, als geistiges Werkzeug verwendet werden soll, müssen entsprechende Vorkehrungen getroffen werden, um das Labyrinth als heiligen Ort zu schützen.

Die Angst, sich möglicherweise zu verirren, muß ausgeschlossen werden. Eine Erklärung, was das Labyrinth ist, ist dazu eine notwendige Voraussetzung.

Die Gruppenatmosphäre muß ein Grundmaß an Vertrautheit vermitteln, das heißt, die Teilnehmer müssen sich ein wenig kennen.

Das Labyrinth selbst muß so geschützt werden, daß kein störender Einfluß von außen erfolgen kann. Eventuell müssen sogar Schutzwände aufgestellt werden, um fremde Beobachter „auszuschalten", wenn diese zu nahe an das Labyrinth heran können.

Es hat sich gezeigt, daß der Mindestschutzraum etwa 20 m beträgt, weil man offensichtlich ab dieser Entfernung weder die Kommentare eventueller Zuseher hört noch deren Gestik sieht und sich deshalb auch nicht gestört fühlt.

Bei Nacht verringert sich diese Distanz. Wenn man das Labyrinth selber aufbaut, wird man daher einen Ort wählen, der von Unbeteiligten nicht innerhalb der Schutzzone einsehbar ist.

Türgriff der St. Regnus-Kirche in Donegal/Irland

Die Gestaltung der Mitte

Die Mitte des Labyrinths ist ein besonderer Ort. Wer eine Zeitlang neben einem begehbaren Labyrinth sitzt, kann beobachten, daß seltsame Dinge passieren, wenn Menschen die Mitte erreichen.

Kinder reißen die Arme hoch, Jugendliche springen hinein, Erwachsene atmen laut auf, Gruppen umarmen sich oder stimmen ein Lied an. Manche runzeln auch nur einfach die Stirne und heben die Hände, um damit auszudrücken: „Und was jetzt?" Zu irgendeiner Reaktion jedenfalls bewegt die Mitte praktisch jeden.

Diese „Bewegtheit" kann durch eine besondere Gestaltung der Mitte verstärkt oder in eine gewünschte Richtung gelenkt werden.

Ankommen

Die Mitte ist das augenscheinliche Ziel des Labyrinths. Nur wer sich intensiver mit dem Labyrinth befaßt hat, weiß, daß die Mitte nur das Ziel der ersten Etappe ist. Die Mitte erreicht zu haben, löst ein Gefühl des Glücks und der Zufriedenheit aus: Ich habe es geschafft, ich bin angekommen!

Das Ankommen kann verstärkt werden durch eine besonders schöne Gestaltung der Mitte. Ziermuster, Blumen, Farbgestaltungen können den Zielort schmücken. Wenn in der Mitte eine Figur aufgestellt wird, sich ein Bild befindet oder ein Baum gepflanzt wird, kommt man bei jemandem an, der schon da ist.

Ein Baum in der Mitte wird fast von allen Ankommenden berührt. Er wird als etwas Besonderes empfunden, er wird begrüßt, manchmal sogar personifiziert. Wenn genug Platz ist, kann ein Sitz oder eine Bank die Ankommenden einladen, es sich in der Mitte gemütlich zu machen.

Kindern genügt oft ein mit Rindenmulch aufgefüllter Kreis. Sie lassen sich nieder, wie zu einem Picknick, und bleiben lange in der Mitte, in der sie sich offensichtlich geborgen fühlen.

Erfrischung

Die Mitte ist ein Ort, der bewußt willkommen heißen kann, etwa indem er eine Erfrischung anbietet. Ein Brunnen bietet diese Möglichkeit. Diese Quelle kann symbolisch dargestellt werden, wie im Palazzo Te in Mantua, besser aber ist freilich echtes trinkbares Wasser. In der Gestaltung dieses Brunnens liegen viele Möglichkeiten. Ein schönes Beispiel ist der bislang nicht ausgeführte Brunnen eines mazedonischen Künstlers, der für ein Labyrinth in einem Kurpark entworfen wurde. Das Wasser wird von zwei Händen dem Durstigen gereicht. Darunter steht eingraviert: „Ich will euch erquicken."

Erkenntnis

Das Labyrinth kann als Einkehrweg verwendet werden. Das ganze Leben oder das vergangene Leben bis zum Jetzt oder ein Abschnitt daraus, wird bedacht, während man die Windungen entlanggeht. In der Mitte ist der Ort erreicht, an dem man sich gerade befindet. Die Mitte kann rufen: „Sieh dich an" oder „Das war gut, das nicht!"

Leonardo da Vinci hat eine Labyrinthmitte entworfen, die aufgrund der technischen Möglichkeiten seiner Zeit nicht ausgeführt wurde: Einen eckigen mannshohen Spiegel, der den Menschen in der Mitte von allen Seiten sichtbar macht. „Das bist Du", sagt der Spiegel und fordert auf, weiterzuschauen, als bis an den Rand der Kleidung.

Wenn in die Labyrinthmitte ein Spiegel gelegt wird, dann kann die Selbsterkenntnis auch unter ein spezielles Thema gestellt werden.

Im Labyrinth „Das Sonnenrad" (s. S. 45) ist der Spiegel in der Mitte eine goldene Scheibe. Sie leuchtet dem Wanderer schon am Weg hinein entgegen. Sie spiegelt den Himmel und erleuchtet den Angekommenen mit goldenen Strahlen. Erkenntnis und Erleuchtung sind eng verbunden: Wer erkennt und umkehrt, trägt das Licht der Sonne mit sich.

Der Mittelstein des Labyrinths von Ravenna ist ein schwarzweiß durchzogener Marmor. Gutes und Schlechtes sind im Menschenherz unentwirrbar ineinander verwoben. Und dennoch läßt sich das Dunkle vom Hellen unterscheiden. Die Gabe der Unterscheidung ist kostbar und unentbehrlich für alle, die nach einem guten Weg suchen.

Umkehr

Die Mitte ist der einzige Ort im Labyrinth, der zur Umkehr nötigt. Wer nicht vom Labyrinth gefangen werden will, muß umkehren, sich wenden, zurückgehen. Umkehr ist für alle Menschen der Anfang der Weisheit, der entscheidende Schritt zur Erlösung. Wenn ein Labyrinth so konstruiert wird, daß die Mitte nicht abgerundet wird, sondern eine enge, kantige Sackgasse bildet, so wird das bewußte Sich-wenden-Müssen verstärkt. Kirchenlabyrinthe beziehen die Umgebung des Labyrinths in das Gesamterlebnis mit ein. Wenn die Mitte erreicht wird, fällt der Blick auf etwas. In der Regel ist es der Altar, und im Zentralbereich des Altars befindet sich meist ein gekreuzigter Christus. Ein Wegwenden von der Kreuzesfigur kann auch als ein Hinwenden zum Auferstandenen verstanden werden.

Mittelstein des Labyrinths von Ravenna/Italien

Als ich das Labyrinth in der Kathedrale von St. Quentin das erste Mal ging, fand gerade ein Begräbnis statt. Die Feierlichkeit wurde weit vorne beim Altar begangen, während ich das Labyrinth ohne zu stören abschreiten konnte. Als ich die Mitte erreichte, fiel mein Blick auf den Sarg. Dieses besondere Zusammentreffen der Umstände, ermöglichte mir eindrücklich zu erleben, was meine Umkehr bedeuten kann.

Bringen

Das Labyrinth „Das Sonnenrad" wurde mit Blumen bepflanzt. Als ich eines Tages vorbeikam, war die Messingscheibe in der Mitte mit Blumenköpfen übersät. Kinder hatten sie am Weg hinein abgerissen und der Mitte gebracht.

Zufällig bildet der Mittelstein des mit Steinen gebauten Labyrinths von Loipersdorf in der Südsteiermark eine Mulde. Innerhalb kürzester Zeit war diese Mulde mit Geldstücken gefüllt. Offenbar ist es ein intensives Verlangen des Menschen beim Ankommen etwas zu bringen, etwas dazulassen, etwas loszulassen. Eine bewußt gestaltete Vorrichtung, etwa um

Briefe oder Geld einzuwerfen, würde dieses Verlangen unterstützen. Im Rahmen einer Arbeit mit einer Gruppe kann dieses Bringen eingebaut werden, indem im voraus Anliegen, Sorgen, Eigenschaften, usw. auf Zettel geschrieben werden, die im Labyrinth zurückgelassen werden.

Empfangen

Genauso schön wie geben ist empfangen. Ein Korb in der Mitte mit Zuckerln für die Kinder, guten Gedanken für die Erwachsenen oder Herausforderungen für die Seminarteilnehmer läßt das Empfangen sichtbar werden. Sehr beliebt ist die brennende Kerze in der Mitte, an der man die eigene Kerze anzünden kann und so das Licht empfängt und mitnimmt.

Ein Labyrinth auflegen oder aufkleben

Soll ein klassisches Labyrinth aufgelegt werden, zieht man zuerst sieben Halbkreise im gewünschten Abstand, die die obere Hälfte des Labyrinths bilden. Dann wird das Kreuz gesetzt und die Bögen die zum Kreuz führen mit diesem verbunden. Zuletzt werden die anderen Bögen unter Zuhilfenahme der Vorlage Nr. 1 und des Augenmaßes miteinander verbunden. Ein Labyrinth kann gut mit Kreppklebeband aufgebracht werden. Die Bänder passen sich den Rundungen an und können einfach wieder entfernt werden. Andere Bänder halten oft besser, aber müssen „in die Kurve gezwungen" werden. Die Oberfläche muß sauber und trocken sein. Wenn man sich nicht sicher ist, ob das Band hält, z. B. auf unversiegeltem Beton, sollte man unbedingt vorher eine „Testklebung" machen.

Aufkleben oder Auslegen eines Labyrinths vom Typ Chartres

Das orginale Labyrinth von Chartres hat einen Durchmesser von ca. 13 m. Will man genug Platz haben, so sollte man sich nicht scheuen, es auch doppelt so groß zu machen. Dabei unterschätzt man leicht den Materialbedarf. Zu einer Neujahrsfeier wurde in St. Louis ein 30 m im Durchmesser großes Labyrinth in einer Halle aufgeklebt. Dazu wurden 5 cm breite Bänder in einer Länge von 780 m verarbeitet. Also genügend Bänder kaufen!

Des weiteren braucht man eine Schnur, ein Maßband und für den, der klebt sind Knieschützer (Rollerskater fragen!) sehr zu empfehlen.

Falls man in den Boden keinen Nagel schlagen darf, kann man sich mit einem Abflußsauger helfen und zwar als Befestigung der Meßschnur. Es ist nicht zu empfehlen, irgendwen die Schnur in der Mitte halten zu lassen, sie verrutscht immer! Nun in die Schnur eine Schlaufe knüpfen und über den Mittestock oder Nagel legen. Die Schnur muß 360° frei drehbar sein. Mit einem Stück Klebestreifen werden nun die Abstände der 12 konzentrischen Kreise an der Schnur markiert. Der erste Abstand für den Innenkreis beträgt ca. ein Viertel des Gesamtradius.

Meßvorschlag:

1. Abstand: 3,5 m; dann immer 95 cm x 11 = Gesamtradius 14 m = Durchmesser 28 m

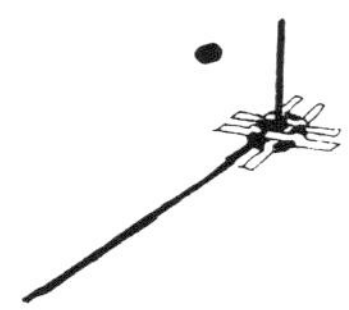

1. Die Mitte befestigen

2. Die Eingangswege

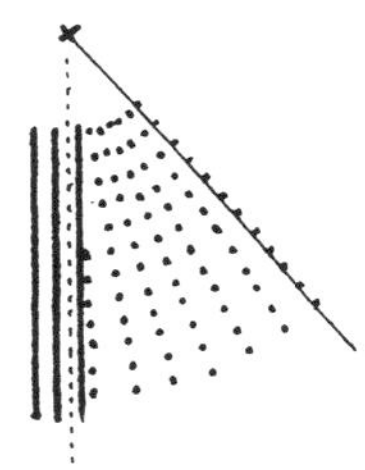

3. Die Kreise markieren

Das Markierungsseil wird am Boden ausgelegt und Helfer kleben kleine Streifen bei den Markierungen des Seils auf den Boden. Ein paar Schritte weitergehen und die Prozedur im Kreis rundum wiederholen. Nun werden die konzentrischen Kreise durchgehend aufgeklebt.

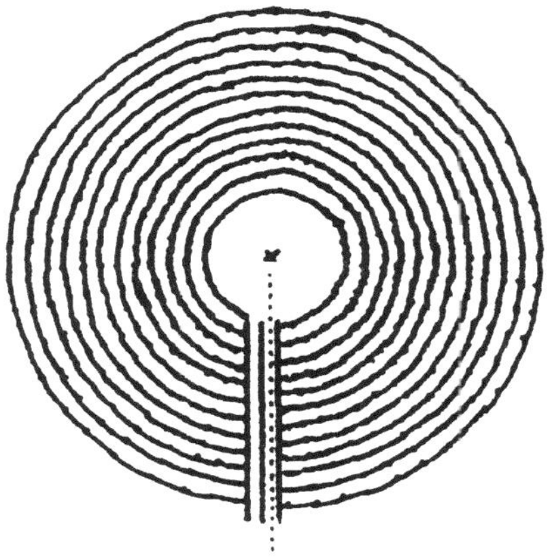

4. Konzentrische Kreise aufkleben

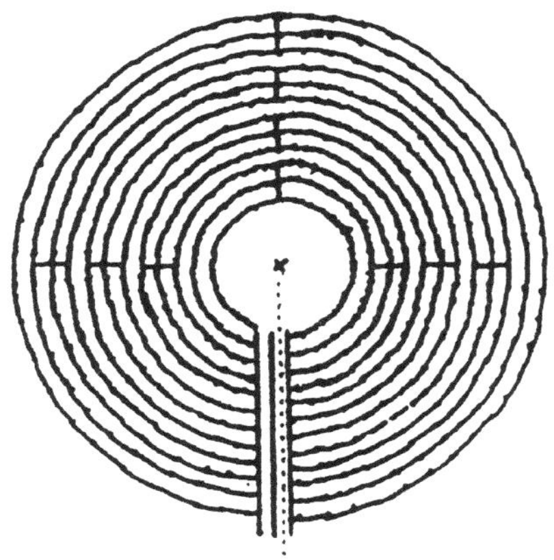

5. Wendungen markieren

6. Verbindungen öffnen

Anschließend werden die Wendungen eingeklebt, wozu man sich am Plan orientieren muß. Achtung: Kein Labyrinth ist symmetrisch! Überall wo die Wendungen markiert wurden, werden die Wege geöffnet, auch im Eingangsbereich müssen aus dem Plan ersichtliche Verbindungen geschaffen werden. Nun ist das Labyrinth fertig.

Man kann aber auch noch einige Feinheiten dazufügen. Besonders schön sind die „Blumenblätter" der Rose im Labyrinth von Chartres. Wo sich die Blätter treffen, ist die Verbindung mit kleinen Kreuzen geschmückt, die genau halb soweit wie der erste Ring von der Mitte entfernt sind. Der Eingangsweg wird hineinverlängert, ein Kreuz wird oben in der Mitte plaziert, die anderen vier können nun mit Augenmaß in den verbleibenden Radius hineinberechnet werden. Auch das Ausführen der Blütenblätter geschieht mit Augenmaß.

Die Extraarbeit wird durch die besondere Ausstrahlung der Mitte belohnt. Viele setzen sich in diese Blüte und halten inne, um das Zentrum des Weges auszukosten.

Das Labyrinth von Chartres hat 113 rätselhafte Strahlen oder Zähne. Auch diese können noch hinzugefügt werden. Der Abstand der einzelnen Strahlen voneinander wird so berechnet: Durchmesser x π : 114 (ein Strahl fehlt beim Eingang).

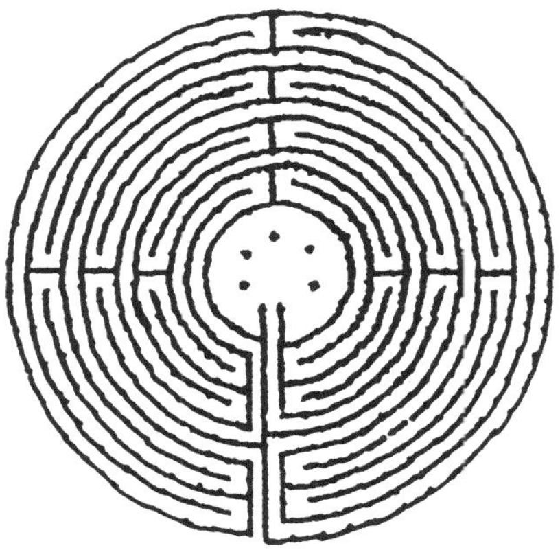

7. Blütenblätterkreuze

8. Die Rosenblätter

9. Das komplette Labyrinth

Schnee – oder Kerzenlabyrinth

Schnee ermöglicht auf eine einfache und billige Art, ein Labyrinth zu bauen. Alles was man dazu braucht, ist ein wenig Geschick, die Bögen und Wendungen des Labyrinths so auszutreten, daß sie einigermaßen rund sind, und man nicht aus Unachtsamkeit einen falschen Bogen legt. Ein Kerzenlabyrinth im Schnee kann eine Adventfeier besonders feierlich werden lassen. Die Mitte sollte in diesem Fall groß genug geplant werden, denn wenn die Atmosphäre gut ist, steht man in der Mitte noch gerne zusammen, um z.B. ein paar Lieder anzustimmen.

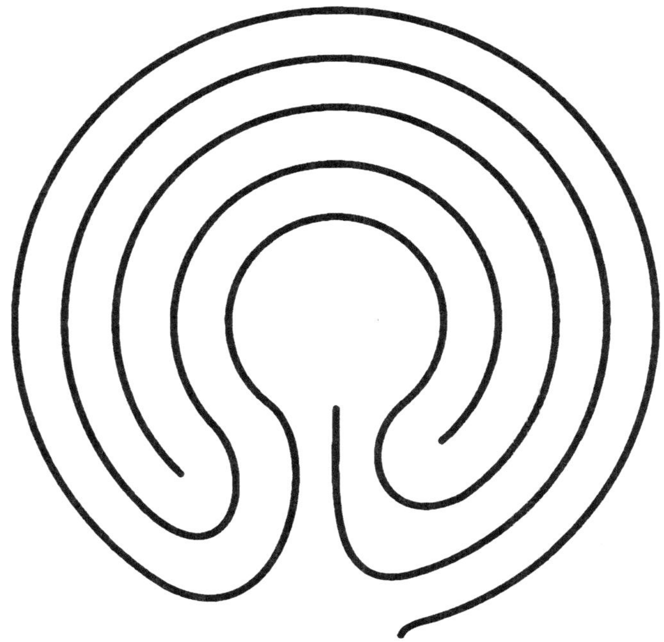

Plan für ein Kerzenlabyrinth mit vier Umgängen

Anweisungen zum Bau von Schnee- oder Kerzenlabyrinthen

Vorüberlegungen

- Wieviel Platz steht zur Verfügung?

Für jeden Umgang wird ungefähr ein Meter gebraucht, für die Mitte mindestens zwei.

Labyrinth mit 5 Umgängen = 5 x 1 m + 2 m + 5 x 1 m = 12 m Durchmesser.

- Wie lange soll der Weg im Labyrinth sein?

Es besteht die Möglichkeit, Labyrinthe mit 4, 5, 6, 7 und mehr Umgängen zu bauen.

In der Regel sind 5 bis 7 am besten. Wenn man aber viel Zeit hat, ist auch ein größeres Labyrinth sehr reizvoll. (z.B. 11 Umgänge mit 2 Eingängen)

Bei einem Kerzenlabyrinth spielt natürlich die zur Verfügung stehende Anzahl der Kerzen eine große Rolle. Rein aus Kostengründen wird man vielleicht mit 4 Umgängen zufrieden sein.

- Wird das Labyrinth von einzelnen in einem größeren Zeitraum oder von einer Gruppe zu etwa der gleichen Zeit verwendet? In ersterem Fall kann ein „geschlossenes" Labyrinth (klassischer Typ) angebrachter sein, das heißt: ein Weg hinein, der gleiche heraus. Bei einer zeitgleichen Verwendung durch mehrere Personen, empfehle ich hingegen ein „offenes" Labyrinth, das heißt: aus der Mitte führt ein Ausgang.

Vorbereitungen (Material)

- Schneelabyrinth: Plan, Stock und Schnur
- Kerzenlabyrinth: Plan, Stock (Schraubenzieher), Schnur, Kerzen, Gasbrenner

Als Kerzen sind besonders die sogenannten Partylichter zu empfehlen, das sind in Alutassen gegossene Fackeln mit dickem Docht. Schwerer zu finden, aber unbedingt zu empfehlen, sind solche ohne „Antimückenmittel". Von 300 „Mückenvertreibern" kann auch ein Mensch ganz schön benebelt werden. An windigen Tagen kann man im Freien oft nur Grabkerzen verwenden, die aber eventuell Friedhofsatmosphäre verbreiten. Eine Möglichkeit wäre auch Teelichter in Tassen aus Pappe zu stellen. Das verbilligt das Labyrinth ungemein, aber meist nur durch Zufall findet man etwas Pas-

sendes. In Dänemark gibt es Erdbeertassen aus Pappe in idealer Größe. Wer in Deutschland oder Österreich etwas vergleichsweise Praktisches findet, möge dies bitte dem Verlag schreiben!

Labyrinthbauen bedeutet fast immer eine Materialschlacht. Die Kerzen müssen im Abstand von höchstens 100 cm aufgestellt werden, im Kurvenbereich enger. Das bedeutet, daß ein Labyrinth mit 4 Umgängen mindestens 160 (!) Kerzen braucht. (5 Umgänge: 200, 6 Umgänge: 270, 7 Umgänge: 350). Je enger die Kerzen gesetzt sind, desto schöner schaut das Lichterlabyrinth aus.

Labyrinthbau

Für das Schneelabyrinth braucht man einen „Wegplan". Der Weg, den man geht, und nicht die Begrenzung, soll ersichtlich sein (siehe z.B. Faden der Ariadne, Vorlage 3). Wenn ein Plan verwendet wird, der die Wegbegrenzungen zeigt, so empfiehlt sich unbedingt den Weg, den man austritt, rot einzuzeichnen. Die vielen Linien verwirren einen sonst möglicherweise gerade im entscheidenden Augenblick.

Es mag sein, daß jeder, der öfter ein Labyrinth aufbaut, eine eigene Technik entwickelt. Ich mache es jedenfalls so:

Ich gehe am Platz an den linken Rand des geplanten Labyrinths. Ich trete mit seitlichen Schritten im Abstand von ca. 1 m in die Mitte. Also bei einem Labyrinth mit 5 Umgängen 5 x + 2 x für die Mitte. Ich mache die Mitte immer sehr groß, in diesem Fall 4 m.

Dann trete ich die Mitte kreisrund aus. Als nächstes wird der Stock in die Mitte eingestochen, die Schnur daran befestigt, und ich trete mit der Schnur in der Hand in den ersten Bogen neben der Mitte. Jetzt trete ich alle Bögen der Reihe nach aus, aber immer nur die obere Hälfte und ein wenig dazu.

Bei einem offenen Labyrinth trete ich dann den Weg aus der Mitte heraus. Anschließend verbinde ich die einzelnen Bögen. Dazu brauche ich keine Schnur mehr, das Augenmaß genügt mir.

Vorlage für ein Schneelabyrinth mit fünf Umgängen. Eingezeichnet ist ein möglicher Ausgang aus der Mitte.

Sandlabyrinth

Alles was über das Schneelabyrinth gesagt wurde, funktioniert natürlich ganz genauso an einem Sandstrand.

Der einzige Unterschied ist, daß man je nach Art des Sandes mehr Hilfsmittel (Schaufel, Kratzstock, etc.) benötigt. Bei weichem Sand hat mir der Deckel meiner Kühlbox schon gute Dienste geleistet.

Kerzenlabyrinth

Für das Kerzenlabyrinth braucht man einen Plan, der die Wegbegrenzungen zeigt.

Ich steche den Schraubenzieher in die Mitte und befestige die Schnur daran. Hier beginne ich von außen nach innen die Kerzen aufzulegen, und zwar alle Bögen der oberen Hälfte und etwas mehr. Gut ist hier das Arbeiten zu zweit. Einer reicht die

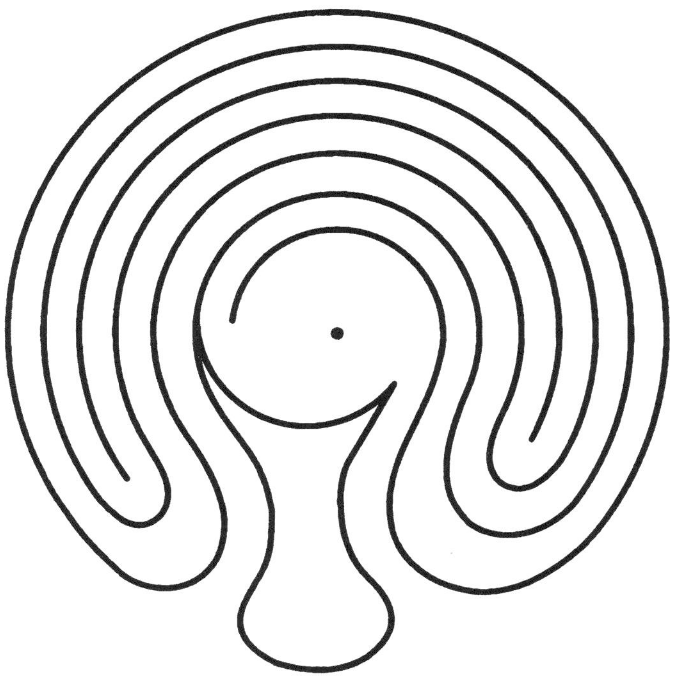

Plan für ein Kerzenlabyrinth mit sechs Umgängen

Kerzen, der andere hält mit einer Hand die Schnur, mit der anderen legt er die Kerzen in Schrittabstand auf. Je weiter draußen, desto größere Abstände können zwischen den Kerzen gewählt werden. Anschließend werden wieder die Wendungen und ein eventueller Ausgang gelegt.

Bei einem großen Labyrinth (ab 7 Umgänge), das auf einer Wiese aufgelegt werden soll, gehe ich in einer Hinsicht anders vor. Ich lege ein Maßband aus, nehme eine Gartenhaue, wickle die Schnur darum und kratze ins Gras die Bögen des Labyrinths. Die Bögen werden leicht, aber unverkennbar sichtbar, und ich muß während des Auslegens der Kerzen nicht mehr mit der Schnur „herumfuhrwerken".

Für ein 5-Umgänge-Labyrinth benötige ich etwa 45 Minuten zum Auflegen und noch einmal soviel zum Anzünden. (Ab dem zweiten Mal! Beim ersten Mal doppelte Zeit kalkulieren!) Nicht vergessen: Ohne Gasbrenner ist man aufgeschmissen!

Da bei einem Kerzenlabyrinth der Kostenfaktor eine Rolle spielt, kann man gleich nach der Aktion die Kerzen löschen, das Wachs trocknen lassen und die Fackeln ein zweites und drittes Mal verwenden.

Feuerlabyrinth

Etwas ganz besonderes ist ein Feuerlabyrinth. Sägemehl wird aufgestreut und mit Kerosin getränkt. Dann wird es an einer Stelle angezündet. Das Feuer brennt in Labyrinthform.

☞ Achtung!

Selbstverständlich müssen alle Sicherheitsmaßregeln beim Ungang mit Feuer beachtet werden. Leicht entzündliche Benzine sind nicht geeignet. Also bitte größte Vorsicht! Wenn es gut gelingt, ist es jedenfalls sehr eindrucksvoll.

Gartenlabyrinth aus Palisaden

Im Garten der Siebererschule in Innsbruck wurde ein kretisches Labyrinth gebaut, dessen Wegbegrenzung mit Hilfe von Holzpalisaden gestaltet wurde. In diese Palisadenreihen werden jedes Jahr andere Blumen gepflanzt.

Das Labyrinth hat einen Durchmesser von zwölf Metern. Der Weg zur Mitte ist ca. 180 m lang. Es wurden 370 Laufmeter an Palisaden verarbeitet. Die in der Mitte in einen Betonring eingelegte Messingscheibe soll die Sonne symbolisieren. Sie spiegelt den Himmel, das Licht, und wer hineinblickt, kann auch den Minotaurus sehen. In der Mitte des Kreuzes wurde eine Birke gepflanzt. Aus dem hölzernen Kreuz wächst neues Leben. Die Birke grünt und verläßt nach oben gerichtet die Zweidimensionalität des Labyrinths. Bei diesem Labyrinth zeigte sich auch die Problematik der Kosten. Die dünnen, billigen Palisaden waren bald verfault und das einfache Messingblech trüb geworden. Man muß bei einem Labyrinth viel Material oder viel Arbeit in die Pflege investieren, sonst läßt sich kein Labyrinth über Jahre erhalten.

Ideen und Möglickeiten, in Labyrinth zu bauen

Beispiel für ein Labyrinth aus Strohballen

	Wo	wie
Aufmalen	am besten auf Asphalt	Mit Schnur und Kreide (Wachsmalstifte) konzentrische Kreise zeichnen, dann Grenzen abkleben und malen.
Auslegen	überall	In die Mitte einen Pflock setzen und mit einer Schnur Kreise ziehen.
Aufkleben	Innenräume	Zuerst mit Schulkreide Kreise ziehen, dann Begrenzungen kleben.
Ausstreuen	Wiese, Asphalt	Die Grenzpunkte (Mittelkreuz + Ecken) markieren und dann die Bögen aufbringen.
Ausmähen	Wiese	Die Grenzpunkte (Mittelkreuz + Ecken) markieren und dann die Bögen ausmähen.
Düngen	Wiese	Düngekugeln streuen.
Anpflanzen	Acker, Schulgarten	Siehe Das Labyrinth der Kinder (S. 55ff)
Dauerhafte Errichtung	Gärten, Vorplätze, mystische Plätze	verschiedene Möglichkeiten

Aus Erdbeerkörbchen aufgebautes Labyrinth in einer Sporthalle

Material	Hinweise
Klebebänder, Straßenfarben (Achtung starke Dämpfe!), Gute Mischbarkeit, Farbe nicht zu sehr verdünnen	Der Asphalt muß absolut trocken sein. Farbe hält trotzdem nur 2 bis 5 Jahre. Je öfter nachgemalt wird, desto länger hält es.
Steine, Holz, Ziegel, Strohballen, Fackeln	Bedenke: ein kretisches Labyrinth, mit ca. 50 cm Wegbreite, hat > 100 Meter Weglänge (= 250 Ziegel, Fackeln)
Kreppklebeband	nicht wasserfest
Kreide oder Kalk (mit Fußballplatzbegrenzungswagen geht es schnell und gut!), Sägemehl (hält auch bei Regen)	Zeitaufwand mit Wagen: ein gotisches Labyrinth braucht min. 1 Stunde Zeit.
Rasenmäher, einen Helfer, der Anweisungen gibt.	Was einmal gemäht ist, läßt sich nicht mehr ankleben! Langsam und konzentriert arbeiten!
Düngemittel	Es dauert ein paar Wochen.
Gute Vorbereitung und viel Zeit	Sicherlich die schönste Art über längere Zeit mit dem Labyrinth zu arbeiten.
Holzpalisaden, Steine, Stein/Betonplatten, Weidengeflecht, frostfeste Ziegel, Bepflanzung	Kosten und Arbeitsaufwand sind meist höher als bei der Daumenpeilung.

Im Labyrinth spielen

Auch wenn das Labyrinth ein tiefsinniges Ursymbol ist, so ist es auch ein simples Spielgerät. Jeder Mensch spielt gerne. Spielen ist ein Ausprobieren der eigenen Kräfte und Fähigkeiten, ohne dabei die Konsequenzen fürchten zu müssen, wenn etwas nicht gelingt. Auch das Gehen im Labyrinth „ist ja nur ein Spiel." Es ist nicht das wirkliche Leben. Aber im Spiel begegnen einem Situationen und Gefühle, die dem echten Leben entsprechen. Im Labyrinth kann man das Leben üben, es spielerisch betrachten und erspüren.

Kinder machen noch etwas anderes deutlich. Das Labyrinth ist ein Turngerät. Die verschlungenen Linien sind eine Herausforderung an den Körper. Gute Geräte ziehen Kinder magisch an. Sie wollen ausprobiert werden, und wenn es nicht nur eine Möglichkeit der Verwendung gibt, dann werden sie um so länger benützt.

Das Labyrinth als Spielgerät

Es ist ausgesprochen interessant, eine Stunde lang mit dem Notizblock neben einem Labyrinth zu sitzen und die Spiele aufzuschreiben, die Kindern einfallen. Sie sind Meister im Erfinden immer neuer Spielmöglichkeiten. Natürlich wird das Herumrennen im Labyrinth das beliebteste Spiel sein. Es wird Wettläufe auf Zeit geben, Fangenspiele, quer über die Reihen springen, auf den Linien balancieren usw. Diese Wettläufe haben übrigens eine wichtige Funktion. Wenn man Kinder im Labyrinth beobachtet, wird man bereits ab den Zweijährigen leicht unterscheiden können, welches Kind eine gute und welches eine schlechte Bewegungskoordination hat. Das Laufen im Labyrinth schult die Bewegungskoordination enorm, denn es müssen nicht nur die Füße richtig voreinander gesetzt werden, je höher das Tempo, desto genauer muß auch der Körper ausbalanciert werden.

Interessant wird es dann auch, wenn auf einmal Erwachsene Lust bekommen, die Kinderspiele nachzumachen. Wettrennen in ein Labyrinth hinein oder Fangenspielen kann ein köstliches Erlebnis werden, zumal auch der Körper eines Erwachsenen in den Kreisbahnen schwer auszubalancieren ist. Wer gar einmal einen Jungfrauentanz (s. Vorlage 23) ausprobiert, wird überrascht sein, wie schwierig das ist.

Spielideen

Gehen auf Zeit
Wer kann das Labyrinth in möglichst genau 3 Minuten durchwandern?

Blinde führen
Einer geht vorne weg und führt einen Blinden an einer oder beiden Händen.

Sich grüßen
Drei bis neun Leute werden im Abstand von ca. 3 m ins Labyrinth gelassen. Sie dürfen schnell oder langsam gehen, aber nicht stehenbleiben. Wer kann am meisten begrüßen (die Hand reichen)? Wie oft trifft man die gleichen?

Schlange auflegen
Eine Gruppe oder Schulklasse legt sich an der Labyrinthbegrenzung auf und bildet damit ein Menschenlabyrinth. Andere können durchgehen.

Kugel treiben
Eine Kugel aus einem Bocciaspiel wird mit Hilfe eines Steckens durch das Labyrinth gerollt.

Murmeln
Dieses Spiel funktioniert auf Labyrinthen mit glatter Oberfläche. Es bilden sich Teams mit bis zu vier Kindern. Man braucht eine Murmel und ein bis drei Brettchen oder Lineale. Einer schiebt die Murmel, die anderen bilden mit ihren Brettchen Begrenzungsbanden, damit die Kugel nicht aus dem Labyrinthweg läuft. Dort, wo die Kugel liegen bleibt oder über die Begrenzung rollt, wird weiter gespielt. Mit wieviel „Schüssen“ ist das Team durch? Mit solchen Spielen läßt sich eine Mathematikstunde über Einfall- und Ausfallwinkel ersetzen, und es macht viel mehr Spaß als bloße Theorie.

Bodenspiele mit dem Labyrinth

In Amras wurde neben dem Labyrinth ein Pfeilespiel aufgemalt. Man muß versuchen, die Mitte zu erreichen, indem man immer der Pfeilrichtung entlanggeht. Wie weit man geht, bleibt einem selbst überlassen, und so eröffnen sich verschiedene Möglichkeiten, den Weg zu finden.

Es gibt eine unzählige Fülle bunter Bodenspiele, die immer auch einen pädagogischen Sinn haben. Viele ausgeklügelte Labyrinthe hat Adrian Fisher entwickelt, unter anderem eines mit dem man Mathematik mit den Füßen lernen kann. Es hat den Spitznamen „Intus“ bekommen, da sich Rechnen selbstverständlich beim spielerischen Wettkampf im Gehen besser einprägt als mit Füllfeder und Heft.

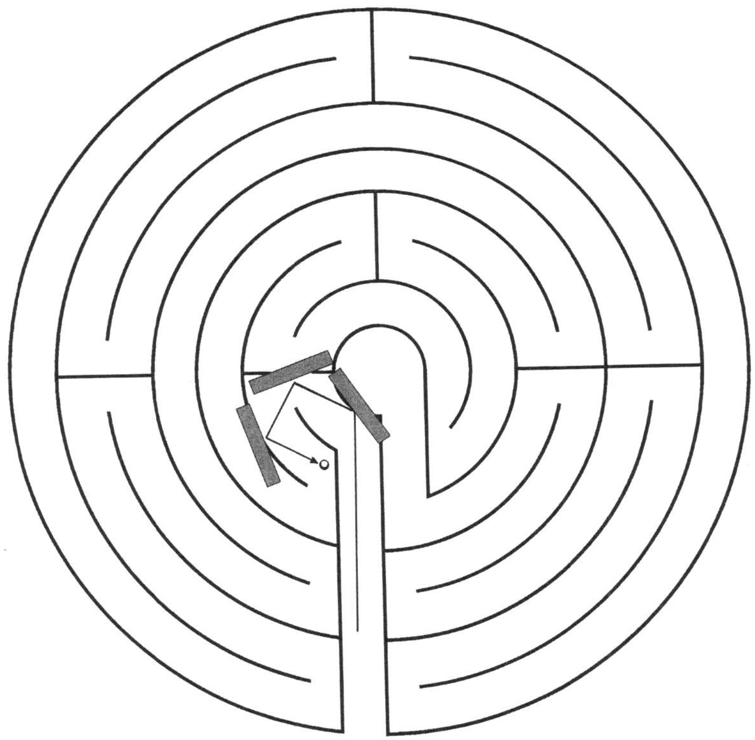

Murmel spielen im Labyrinth

Klanglabyrinth

Es wird ein einfaches Labyrinth in rechteckiger Form aufgeklebt oder aufgelegt. An den vier Ecken werden vier Personen plaziert, die jeweils ein Klanggerät in vier verschiedenen Tonhöhen bei sich haben. Der Person, die das Labyrinth betritt, werden die Augen verbunden. Nur mit den Klängen wird sie nun durch das Labyrinth geführt. Wenn sie in die Nähe einer Wendung kommt, verändern sich die Klangabstände. Ist sie an einer Wendung, ertönt auf einmal aus der Richtung, in die sie weitergehen muß, ein Klang.

Das konzentrierte Hören ist an sich ein starkes und seltenes Erlebnis. Auch der Weg des Labyrinths wird auf eigene Weise intensiv erlebt.

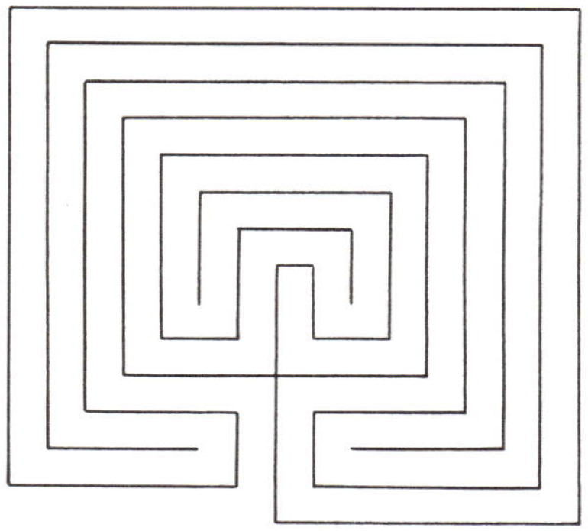

Vorlage für ein großes Klanglabyrinth

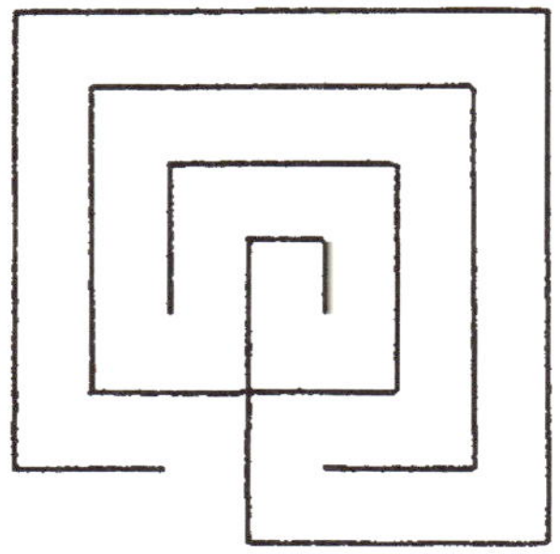

Vorlage für ein kleines Klanglabyrinth

Spiele im Kleinformat

Nicht jeder hat die Möglichkeit ein begehbares Labyrinth aufzubauen. Es gibt noch viele andere Möglichkeiten das Labyrinth einzusetzen. Eingarvierte und eingeschnitzte Labyrinthe sind ein Beispiel.

Das Labyrinth reizt zu so vielen kreativen Ideen, so daß jeder, der mit dem Labyrinth arbeitet versuchen sollte, selber Spiele zu erfinden oder von den Kindern erfinden zu lassen. Es würde uns auch freuen, wenn Sie dem Verlag Ihre Ideen und Erfahrungen schicken. Die besten werden wir in den weiteren Auflagen dieses Buches berücksichtigen.

Labyrinth in eine Holzscheibe gefräst

Das Sonnenrad bei der Siebererschule in Innsbruck

Mit dem Labyrinth feiern und tanzen

„Was immer das Leben bringen mag, vergeßt den Tanz der Freude nicht."

Reinhold Stecher

Das Labyrinth ist eng mit Festen verbunden. So hat Theseus seine Befreiung mit einem Labyrinthtanz gefeiert, bei den Feierlichkeiten zur Stadtgründung von Konstantinopel soll ein Labyrinth aufgebaut worden sein, alte Felsritzungen aus dem Val Camonica in Italien zeigen Tänzer im Labyrinth, ebenso wie die etruskische Vase von Tragliatella. Bei den Indianern in Nordamerika ist das Labyrinth vermutlich Bestandteil von Initiationsfeiern, und in der europäischen Kultur war das Labyrinth immer wieder bei Osterfesten in Verwendung. In England stehen viele Labyrinthe in Zusammenhang mit den „Fairs", den Kirchtagen oder Jahrmärkten, ebenso in Deutschland oder Skandinavien. So stammt etwa auch das einzige Foto des ehemaligen Labyrinths von Kaufbeuren von einem Volkstanzfest.

Es ist sicher reizvoll, das Labyrinth wieder einzubauen in Feste und Feiern, es neu in Gebrauch zu nehmen in Spiel, Spaß und auch in seiner tiefen symbolischen Kraft.

Prozessionen

Labyrinthe können auch in einer Prozession begangen werden. Eine Lichterprozession oder ein Labyrinthgang zu irgendeinem festlichen Anlaß kann ein besonderes Gemeinschaftserlebnis sein. Ein dazu passendes Lied kann eingeplant oder spontan angestimmt werden.

Wichtig ist dabei, daß dem Ersten erklärt wird, wie er weitergehen muß, wenn er die Mitte erreicht. Er muß irgendwie in den Eingangsweg hinaussteigen, außer es ist ein von vornherein für Prozessionen konstruiertes Labyrinth.

Labyrinthe passen besonders gut zu Hochzeitsfeiern, bei denen das Brautpaar symbolisch den Lebensweg nun gemeinsam beschreitet. Wenn das Brautpaar einmal alleine durchgegangen ist, soll sich die ganze Hochzeitsgesellschaft einer Prozession anschließen. Das ist meistens nicht nur sehr lustig, sondern man sieht auch alle einmal, die da sind. Das gleiche gilt für Geburtstagsfeste oder besondere Jubiläen.

Begrüßung der Neugeborenen

Das Labyrinth als Symbol für den Lebensweg eignet sich besonders für die Begrüßung der neugeborenen Kinder. Einmal im Jahr werden alle Eltern von neugeborenen Kindern des Bekanntenkreises oder der Bevölkerung eingeladen, mit den in diesem Jahr geborenen Kindern das Labyrinth zu begehen.

Das ist immer ein nettes kleines Fest, bei dem sich nicht nur Menschen in gleicher Lebenssituation näherkommen, sondern die neuen Erdenkinder auch durch die vielen bewußten guten Wünsche, Gedanken und Gebete gestärkt und gesegnet werden. Dieses Fest wird z. B. jedes Jahr von den Frauen des Labyrinthplatzes im Zeughaushof in Zürich veranstaltet.

Initiationsriten

Viele Völker feiern die Einführung der Jugendlichen in die Welt und den Stand eines Erwachsenen mit großen, oft wochenlangen Festen. In unserer Kultur ist dieses Ereignis ziemlich verkümmert. Die kirchlichen Feste der Firmung und der Konfirmation beinhalten noch ein wenig von diesem Ritual. Aber die Aufnahme als Vollmitglieder in eine christliche Gemeinde ist letztlich sehr abstrakt, es fehlen die Männer, die den Jungen sagen, daß sie jetzt auch Männer sind, und die Frauen, die die Mädchen in ihrem Frausein willkommen heißen.

In allen Kulturen wird die Initiation von Jungen und Mädchen getrennt gefeiert. Das hat gute Gründe. Mädchen wissen manches über das Leben (z.B. daß es schmerzvoll und blutig ist) von alleine, Jungen müssen das erst mühsam lernen.

Fünf Grundwahrheiten des Lebens, die im Labyrinth ausgedrückt werden:

Das Leben ist schwierig.
Du wirst sterben.
Du bist ein Teil vom Ganzen.
Das Leben dreht sich nicht um dich.
Es gibt Verwandlung.

Es gibt mehrere Hinweise, daß das Labyrinth im Rahmen von Initiationsriten verwendet wurde. Das ist nicht verwunderlich, denn im Labyrinth werden grundlegende Lebensweisheiten ausgedrückt. Diese Wahrheiten soll der Jugendliche, der in die Erwachsenenwelt eintritt lernen, erfahren und verinnerlichen.

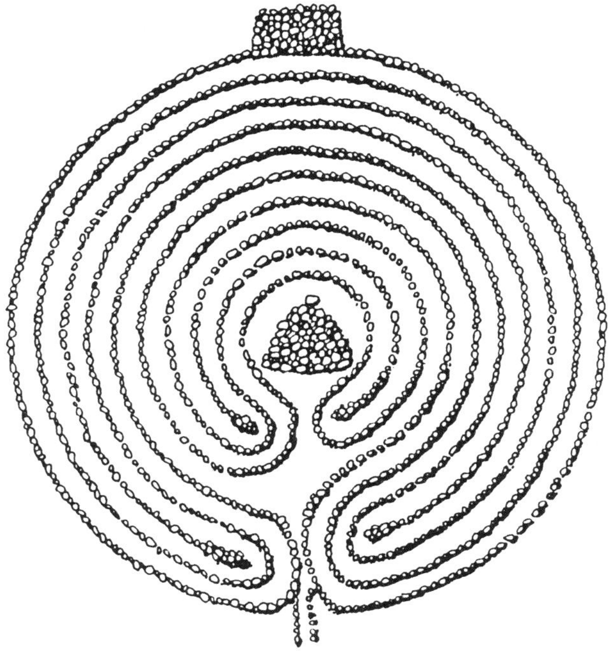

Steinlabyrinth aus Rußland mit einer Steinpyramide in der Mitte und zwei Eingängen.

Leider gibt es kaum Material zu authentischen Initiationsriten in unserer eigenen Kultur, deshalb ist man auf neue Erfindungen zum Ablauf eines solchen Rituals angewiesen. Die Initiationsfeier auf einen Abend zu beschränken, ist natürlich auch nur ein „leichtgewichtiges“ Feiern, aber ein eindrucksvolles Erlebnis kann daraus dennoch entstehen. Vielleicht kann durch bessere Erforschung alter Bräuche und Erfindungsreichtum engagierter „Paten“ ein gutes und passendes Initiieren von Jugendlichen in unserer Kultur entwickelt werden.

Initiationsritual mit Jungen

Ein Labyrinth aus Steinen wird mit der Gruppe gemeinsam aufgelegt. In der Mitte des Labyrinths wird ein Loch ausgehoben. Jeder Junge hat ein Spielzeug mitgebracht, das ihm in der Kind-

Flechtarbeit nordamerikanischer Indianer

heit sehr wertvoll war. Mit diesem Spielzeug in der Hand wird der erste Labyrinthgang gemacht. Jeder bringt sein Spielzeug in die Mitte, legt es in die Grube und geht mit leeren Händen zurück. Die Initiandenpaten schütten die Grube zu. Nun trägt jeder Junge allein einen Stein in die Mitte, der so schwer ist, daß er gerade noch getragen werden kann. Dieser Stein wird auf der zugeschütteten Grube abgesetzt. Am Ausgang bekommt der Junge vom Paten ein kleines Geschenk und einen Weisheitsspruch zum Thema Liebe.

Beim anschließenden Lagerfeuer erzählen die Paten ihre persönlichen Erfahrungen und Einsichten mit ihrer Ablösung vom Elternhaus, Alkohol, Frauen, Gott. Zum Abschluß werden Trommeln verteilt und ein Rhythmus eingeübt. Dann bekommen die Initianden die Trommeln, und die Paten nehmen Fackeln. Nun wird noch einmal gemeinsam in das Labyrinth hinein- und wieder herausgezogen.

Das Labyrinth wird anschließend abgebaut, bis auf den Steinhaufen in der Mitte.

Menarchefest

Ein besonderer Anlaß für eine Frauenfeier ist die Menarche, das erste Auftreten der Regelblutung bei einem Mädchen. Dieses Fest kann am nächstfolgenden Vollmond nach dem Ereignis ausgerichtet werden. Die Mutter ist für die Organisation zuständig, hält sich aber beim Fest selbst im Hintergrund. Sie lädt ein paar ältere und erfahrene Frauen ein, am besten Tanten, Großmütter, die Patin und Freundinnen. Im Freien wird ein Labyrinth ausgelegt (empfohlene Vorlagen: 7, 24) bei dem sich die Festgäste treffen. Die Frauen ziehen in die Labyrinthmitte und bilden dort einen Kreis. Das Mädchen zieht nach und erhält von jeder Frau einen Segensspruch. An warmen Tagen läßt man sich in der Mitte nieder und die Frauen erzählen über ihre Erfahrungen, ihre Weisheiten und über die Geheimnisse und Schätze des Frauseins. An kalten Tagen sucht man dazu eine Hütte mit einem Kaminfeuer auf. Die Patin oder Festleiterin, gibt das Zeichen zum Aufbruch und gemeinsam wird aus dem Labyrinth gezogen. Nun gibt es ein Festessen, das die Mutter vorbereitet hat.

Labyrinthtanz

Etwas ganz Besonderes ist ein Labyrinthtanz, wobei hier das Wort Tanz eventuell nicht verwendet werden sollte, weil es bei manchen Personen Ängste und Abwehr auslösen könnte. Eine gute Vorbereitung ist besonders notwendig, wobei der größte Aufwand der Bau des Labyrinths ist. Wenn ein Vorplatz mit Rasen, Platten oder Asphalt vorhanden ist, empfiehlt sich das Aufbringen der Labyrinthfigur mit einem Kreidewagen. Diese werden an jedem Fußballplatz zur Linienbegrenzung verwendet. Je nach Gruppengröße kann ein Labyrinth mit 7 Umgängen oder das gotische Labyrinth mit 11 Umgängen verwendet werden.

In den alten Kirchenbüchern gotischer Kathedralen wird der Tanzschritt der Ostertänze als Dreischritt (Tripudium) beschrieben. Wie dieser Schritt genau zu verstehen ist, weiß man nicht. Dazu wurde die Hymne: „Victimae paschali laudes" von Wipo von Burgund († nach 1048) gesungen. Das Labyrinth wurde mit einem Reigen umtanzt. Nur der Dekan mit einem goldenen Ball in der Hand bewegte sich durch die Gänge des Labyrinths. Der Ball wurde immer wieder zwischen Außenstehenden und Dekan hin- und hergeworfen und symbolisierte die aufgehende Ostersonne.

Bei der Planung eines Labyrinthtanzes ist es natürlich wichtiger, sich in die Gruppe hineinzuversetzen, mit der man den Tanz machen will, als sich an gotische Traditionen zu halten. Wichtig ist die Auswahl eines möglichst einfachen Tanzschrittes (z.B. einfache Abfolge von Wechselschritten) und eines dazupassenden Liedes.

Meistens wird man auch planen, mit der ganzen Gruppe durch das Labyrinth zu ziehen. Es sei denn, man möchte den Schwerpunkt auf eine bestimmte symbolische Geste legen, wie zum Beispiel Licht bringen und empfangen. Dann tanzt eine Person oder eine kleine Gruppe in das Labyrinth, holt aus der Mitte das Licht und bringt es den Umstehenden.

Ein Ostertanz

Neben der Kirche Allerheiligen in Innsbruck befindet sich eine kleine Rasenfläche. Mit dem Kreidewagen wurde ein Labyrinth mit 7 Umgängen aufgetragen. Kerzen wurden aufgestellt und das Kreuz wurde mit Bodenfackeln hervorgehoben.

Bereits vor dem Gottesdienst wurden die Kerzen angezündet und viele blieben am Weg in die Kirche eine Weile beim Labyrinth stehen, manch einer ging auch durch.

Nach dem Ostergottesdienst sollte der Pfarrer voraus an den Eingang des Labyrinths gehen. Die Gemeinde bildet einen Kreis um das Labyrinth. Sobald dieser geschlossen ist, beginnt die Gemeinde den Osterhymnus: „Victimae paschali laudes" zu singen. Der Pfarrer schreitet in das Labyrinth hinein. Er hat einen gelben Ball, den er nun immer wieder der Gemeinde zuwirft oder in den Kreis hinausreicht. Wenn er die Mitte erreicht

Ein gelungener Labyrinthtanz

hat, geht er wieder zum Eingang und fordert die Umstehenden auf, mit ihm noch einmal durch das Labyrinth zu ziehen. In der Mitte angekommen, steigt der Pfarrer in den Eingangsweg hinaus und die Menschenkette zieht wieder zum Ausgang. Zuletzt wird das Labyrinth noch einmal in einem großen Kreis umschlossen. Wenn der Letzte das Labyrinth verlassen hat, hört der Gesang auf und der Ostertanz ist beendet.

So war es zumindest geplant. Die Stimmung der Leute änderte den Plan an einigen Stellen ab. Sie ließen sich nicht abhalten gleich mit dem Pfarrer und den Ministranten mitzuziehen. Sie waren auch mit dem „Victimae paschali laudes" nicht einverstanden und sangen lieber ein bekanntes Halleluja. Als der Pfarrer in der Mitte ankam, verweilte er viel zu lange, so daß praktisch der ganze Zug zum Stehen kam. Auf einmal begannen alle, sich gegenseitig „Frohe Ostern!" zu wünschen, gerade so wie sie sich gegenüber standen. Erst dann begann sich die Kette wieder herauszubewegen. Es war ein wenig chaotisch, aber durchaus schöner als der Plan.

Also: Nur keinen Streß verbreiten und Unsicherheit fördern. Das Labyrinth ist immer stark genug, um etwas entstehen zu lassen, das auch gut oder sogar besser ist.

Im Labyrinth meditieren

Das Labyrinth ist ein meisterliches Werkzeug der Erkenntnis.

Jeder Mensch trägt in sich einen reichen Schatz an Erfahrung, Wissen und Weisheit. Oft läuft aber das Tagwerk so rasch und lückenlos über einen hinweg, daß man selten dazukommt, in sich hineinzuhören und diesen Erfahrungsschatz zu befragen und zu nutzen. Jede Form der Meditation ist zunächst eine Einkehr bei sich selbst. Das Labyrinth ist ein einfaches und doch wirkungsvolles Hilfsmittel zu gewissen Formen der Meditation und des Nachdenkens. Deshalb wird es auch als meisterliches Werkzeug der Erkenntnis bezeichnet.

Nach innen gehen

Beim meditativen Gehen geht es um die Konzentration nach innen. Jede Ein-Weg-Labyrinthform ist dazu besonders gut geeignet, weil der Begeher keine Angst haben muß, sich zu verirren und somit einen sicheren geführten Weg geht, der keine nach außen gerichtete Aufmerksamkeit braucht. Es gibt die Möglichkeit, in einer Kette oder auch einzeln (evtl. mit Begleitmusik) durch das Labyrinth zu gehen. Eine besondere Möglichkeit ist das Gehen im sogenannten Pilgerschritt. Dabei geht man immer zwei Schritte nach vor und dann einen Schritt zurück. Diese Art des Gehens ist sehr entspannend, man braucht aber dazu eine gute Vorbereitung der Atmosphäre. Es darf kein Zeitdruck herrschen. Der Pilgerschritt zwingt einem die Geduld auf, die man im Leben offensichtlich auch braucht.

Einzeln zu gehen hat den Vorteil, daß jeder sein eigenes Tempo finden kann, in der Gruppe entsteht ein Gemeinschaftsgefühl, ähnlich wie bei einem Reigentanz. Je nachdem wieviele Personen einzeln in das Labyrinth hineingehen wollen, sollte überlegt werden, ob auf den Rückweg verzichtet wird, weil zuviel Entgegenkommende am gleichen Weg die Konzentration stören.

Es gibt mehrere Möglichkeiten, mit welcher Haltung oder Absicht man in ein Labyrinth hineingeht: Es kann in einer offenen Haltung innerer Aufmerksamkeit geschehen: Das heißt, daß man gar nichts erwartet, sondern nur darauf lauscht, was aus dem Inneren aufsteigen mag. Geschieht nichts, ist auch gut.

Man kann sich auch auf eine Frage, ein Anliegen oder auf eine offene Entscheidung konzentrieren. Wenn man von den eigenen Gedanken frei sein will, kann ein Vers, ein Gedicht oder ein Gebet die Flut der verschiedenen Gedanken, die aufsteigen wollen, abblocken.

Das in den meisten spirituellen Traditionen verbreitete monotone Wiederholen kurzer Phrasen, sogenannter Mantras, läßt sich gut mit entspanntem Gehen vereinen. „Ich bin der Weg", „Heiliger Geist, erleuchte mich", „Hilf mir zu glauben", sind Vorschläge aus einer Vielzahl von Möglichkeiten.

Wer zur christlichen Tradition und Sprache negative Gefühle hat, sollte etwas anderes wählen, zum Beispiel Rilke oder Exupéry oder eine fremde Sprache oder etwas ohne besonderen Bedeutungsinhalt, denn negative Gefühle sollten beim Meditieren nicht aufgewühlt werden.

Mit einem Satz das Labyrinth begehen

Eine spannende Art der Besinnung ist es, wenn am Eingang den Labyrinthgehern ein Satz mitgegeben wird. Spannend deshalb, weil die Reaktion der Betroffenen mitunter sehr heftig ausfallen kann. Besonders hilfreich kann diese Meditation werden, wenn man sich gut kennt, und somit einen Satz wählen kann, der auf die Lebenssituation des Betreffenden zielt. Manchmal ist aber genauso gut ein „Nichtkennen" von Vorteil. Der „Satzeinsager" sollte sich in jedem Fall sehr konzentriert auf das Gegenüber einstellen, um den passenden Satz zu erspüren. Manche Sätze sind freilich für alle in jeder Lebenssituation bedenkenswert.

Labyrinthmeditation

Wer keine Möglichkeit hat, ein Labyrinth aufzubauen, kann auch mit einem kopierten Blatt zu einer Meditation anleiten. Dazu braucht man: Labyrinthkopien (Chartres), blickdichter Zettel mit Loch (Zettel leicht falten und mit Locher ausstanzen), Stifte und ungefähr eine Stunde Zeit.

Eine Auswahl an Besinnungssätzen

FRAGEN

Was ist mir wirklich wichtig?
Was will ich erreichen?
Was will ich tun?
Was ist mein Ziel?
Wohin will ich gehen?
Was will ich mitnehmen?
Mit wem will ich gehen?
Was will ich lassen?
Was sollte ich endlich aufgeben?
Was lenkt mich ab?
Was brauche ich nicht mehr?
Auf wen höre ich?
Wann gebe ich etwas auf?
Wem kann ich vertrauen?

SÄTZE

Tu Gutes und wirf es ins Wasser.
Wer seinen Nächsten verurteilt, kann irren. Wer ihm verzeiht, irrt nie.
Die Feigheit tarnt sich gern als Vorsicht oder Rücksicht.
Besser als tausend Stoßseufzer ist eine Tat.
Wer kann durch Sorgen sein Leben auch nur um einen Tag verlängern.
Trachte nach Gottes Reich, alles andere wird dir zufallen.
Verwende deine Kraft nicht, dich zu verändern, verwende deine Kraft, der zu sein, der du bist.
Dein Körper ist dein verläßlichster Seelsorger. Welchen Rat hat er heute für dich?
Es gibt kein größeres Geschenk als die Zeit.
Du darfst glücklich sein.

Einleitung

- Die Gruppe bereitet gemeinsam den Raum vor.

Entweder am Boden sitzen (Polster, Decken, Unterlage für Labyrinthkopien) oder an Tischen. Gedämpftes Licht, evtl. Musik,

- Entspannung

Ohne Schuhe durch den Raum gehen – tief durchatmen – Hände strecken, Arme fallen lassen, Gedanken „ausblasen" – fest stehen – Boden spüren – auspendeln – sich auf die Mitte konzentrieren

Meditation

Ihr alle kennt Labyrinthe.

Mit ihren Wendungen, Gabelungen sind sie ein Symbol für unseren Lebensweg. Auch in unserem Leben kennen wir Unsicherheit, Irrtum, Hoffnung auf einen Ausweg und das Glück des Ankommens.

(Pause)

Du bekommst jetzt zwei Blätter. Ein Labyrinth und darüber ein Blatt mit einem Loch. *(Austeilen der Blätter)*

Leg das Loch so auf das Labyrinth, daß es über dem Eingang liegt. (Eventuell am Eingang einen roten Punkt anbringen).

(Pause)

Wie in Deinem Leben gehst Du mit dem Stift jetzt einen Weg, von dem Du nicht genau weißt, wohin er dich führt. Laß dir Zeit dabei! Doch geh deinen Weg entschieden, zieh deine Lebenslinie sorgfältig und sicher. Doch bedenke, Du bist im Labyrinth.

(Pause)

Geh immer weiter mit Deinem Stift. Durchlaufe alle Gänge, bis Du ans Ziel kommst. Auch im Leben können wir nicht einfach stehen bleiben, nicht dorthin zurückkehren, wo wir hergekommen sind.

(Pause)

Wenn Du am Ziel bist, nimm das durchlöcherte Blatt weg und schau auf den Weg, den Du gegangen bist.

(Pause bis alle fertig sind)

Die Linie, die zu Deiner Mitte führt, ist vielleicht manchmal zittrig, zögernd, stößt vielleicht an die Labyrinthwände oder ist kurz abgebrochen.

Auch in deinem Leben gibt es Zittriges, Zögerndes, Anstößiges und Abgebrochenes. Es gibt aber auch Klares, Geradliniges, Starkes und Vorwärtsstrebendes. Das alles gehört zu Dir, und Du kannst es am besten sehen, wenn Du in deiner Mitte bist.

(Pause)

Es folgt eine Austauschrunde über Erfahrungen, Gedanken, Eindrücke, die jeder bei seiner Labyrinthreise gemacht hat.

Walking The Way Of Wisdom – Ein Bericht

Als ich vor dem Labyrinth stand, fühlte ich mich unsicher. Ich zögerte. Ich war nicht sicher, was ich erwarten sollte. Die Aussicht eine Stunde oder mehr in einem spiraligen Pfad, der nirgendwo hinführt, umherzugehen, empfand ich als wenig sinnvoll, ja sogar kindisch. Aber es gab noch einen Grund meines Zögerns: Ich wußte nicht, ob ich die Reise riskieren sollte. Vielleicht steckt wirklich Kraft in diesem Ritual? Vielleicht muß ich mich danach ehrlicher betrachten als bisher? Darüber hinaus war ich mir unsicher wegen meiner Studenten. Was ist, wenn sie nicht mittun? Was ist, wenn die Erfahrbarkeit, von der immer die Rede ist, nicht funktioniert?

Ich erfuhr später, daß einige meiner Studenten meine Ängste teilten. Sie machten sich Sorgen dumm auszusehen. Es ist so wichtig „cool" zu wirken, und das Ganze schaute verdächtig nach einer ziemlich „uncoolen" Sache aus. Und trotzdem spürten sie auch, daß hier etwas Besonderes passieren könnte.

Letztendlich gab es aber für mich und für sie nur einen Weg herauszufinden, ob an dem Ganzen etwas dran ist, und so gingen wir los. Drei Stunden waren wir unterwegs. Wir gingen in sehr unterschiedlichem Tempo, manche sehr bedäch-

▸ *Einer der vier Labyrinthengel von Watt's Chapel/England*

tig, andere etwas flotter. Sich durch den Raum des Labyrinths zu bewegen, war ungemein aufschlußreich.

Eine Frau bemerkte: „Wenn ich versuchte, schneller zu gehen, und dabei auch manche Gedanken rascher hinter mir lassen wollte, machte mein Körper einfach nicht mit. Der Weg half mir in das richtige Tempo hinein."

Der Weg, der so unvermutet verläuft, läßt einem wenig Chance, das Ziel vorherzusagen. „Nach einer Weile wußte ich weder, wie weit es noch ist, noch wie weit ich schon gegangen war. Ich begann mich auf den Weg zu konzentrieren, nicht mehr auf die Entfernung."

Den Weg ohne Erwartungen zu gehen und vor allem ohne Kontrolle, lehrt Demut: „Oft wenn ich meinte, dem Heiligen näher zu kommen, führte mich die nächste Wendung weiter weg, als je zuvor. Ich merkte, wie klein ich bin im Vergleich zu Gott. Mir wurde bewußt, daß das Heilige in einer demütigen Weise gesucht werden muß."

Trotz aller Wendungen läßt einen das Labyrinth nicht aus. Der Weg ist vorgegeben. „Ganz egal, wo ich mich im Labyrinth befand, habe ich immer eine Verbindung zur Mitte gespürt, und je weiter ich ging, desto mehr fühlte ich mich ausbalanciert und geerdet."

Das Labyrinth hielt noch eine andere Überraschung bereit: Obwohl man beim Gehen als Einzelner stark auf sich allein gestellt ist, war es doch ein intensives Gemeinschaftserlebnis. Während des Gehens verliert man sich leicht in seinen Gedanken oder man konzentriert sich auf den Wegabschnitt, der vor einem liegt. Da kommt dir auf einmal jemand direkt entgegen. Man muß Platz machen, um aneinander vorbeizukommen. Oder man hat auf einmal einen Begleiter am Weg, der parallel zum eigenen verläuft. Dann trennen sich die Wege, und jeder geht in eine andere Richtung, vielleicht trifft man sich irgendwo wieder, vielleicht auch nicht. Im Labyrinth zu gehen, heißt unterwegs zu sein mit anderen. „Ich dachte, wir wären mehr auf uns allein gestellt, aber zu meiner Überraschung war es ein gemeinsames Erlebnis. Jeder war miteinander verbunden auf dem gemeinsamen Weg zum gleichen Ziel. Trotzdem hatte jeder auf dem Weg ganz individuelle Erfahrungen."

Ein junger Mann sagte: „Vieles aus meiner Vergangenheit kam mir zu Bewußtsein. Ich brauchte eine ganze Weile, bis ich durch diese Gedanken durch war. Es war, als ob meine Seele schon lange Zeit auf eine Möglichkeit gewartet hatte, mit mir zu reden."

Jemand, der durch einen tragischen Umstand einen Menschen verloren hatte, sagte: „Als ich die Mitte erreichte, mußte ich mich niedersetzen und beten. Ich bat Gott mir zu helfen das Ganze zu verstehen, und ich war überrascht von der Heftigkeit seiner Antwort. Er lud mich ein, ihm neu zu vertrauen. Es war eine überwältigende Erfahrung."

Wie kann das einfache Gehen soviel aufzeigen, soviel klären und heilen? Ich weiß es nicht. Vielleicht ist es die Art der Bewegung, vielleicht der sich entfaltende Weg. Vielleicht die sich immer wiederholende Kreisbewegung, verbunden mit dem Zug zur Mitte. Oder der Raum, der mit anderen auf intime Weise geteilt wird. Was immer die Erklärung ist, sicherlich ist eines der bemerkenswertesten Elemente des Labyrinths folgendes: Im Gehen wird Weisheit, die schon lange vergessen war oder noch nie ganz erfaßt wurde, aus der Tiefe des Seins herausgehoben.

Douglas Burton-Christie
(übersetzt aus dem Englischen)

Das Labyrinth der Kinder

Ein Erfahrungsbericht

Es war wohl bei den Fotoarbeiten in Reutlingen: auf dem Boden wurde eine Spirale aus grünen Zweigen gelegt – das müßte doch mal richtig wachsen. Hat es so angefangen?

Dann kam eines Tages ein Buch mit vielen Labyrinthen und eine Frage: hätten Sie Lust so etwas mit Kindern zu machen. (...) Mit dem Labyrinthbuch ging ich zu Herrn Rektor Arndt von der Christian-Morgenstern-Grundschule in Ratingen-Homberg-Süd. Er war mit Rat und Tat zur Mithilfe bereit. Mit Projekten hatte die Schulgemeinschaft durch die jährlichen Wochen am Ende des Schuljahres schon gewisse Erfahrungen.

Herr Arndt arrangierte ein baldiges Vorstellen der Idee bei den Lehrerinnen und dem Konrektor. (...) Nach einigen Tagen Bedenkzeit erklärten sich vier Lehrerinnen zur Mitarbeit bereit. Inzwischen wurden in den 3. Klassen für eine freie Arbeitsgemeinschaft geworben. Jedes interessierte Kind bekam einen vervielfältigten Bogen zu Information der Eltern mit nach Hause. Es kamen danach einige Telefonate von fragenden Müttern.

Inzwischen ging ich hinaus an die Ackerränder. Damit ich mit Obersicht fotografieren konnte, mußte die Ackerfläche tief liegen. Sodann sollte die Fläche eine geeignete Größe haben: meine Überlegung war, einen Landzipfel würde ein Bauer schon leichter hergeben können, und wenn ein Bach neben dem Land fließt, so wird die Kraft dieses Stromes die Arbeit munter begleiten. (...)

Ein solches „Idealland" hatte der liebe Bauer Grashaus in Pacht. Und so besuchte ich an einem Feierabend die Familie Grashaus auf ihrem Hof, um meine Bitte vorzutragen. Frau und Herr Grashaus waren schnell zur Mithilfe gewonnen: „Wenn wir den Acker für die Kartoffeln fertig machen, gehe ich mit der Egge auch über ›eure Fläche‹, dann haben es die Kinder nicht so schwer."

Was sich von niemanden bewegen ließ, war allerdings das Wetter! Wir lernten bald die Sorgen des Bauern zu teilen. (...) Der viele Winterregen, das späte und kalte Frühjahr ließen den Acker nicht trocken werden. Der Bauer stand mit gefalteten Händen neben seinem schweren Traktor: so können wir noch nicht auf den Acker, die Maschinen versinken im Matsch und an Aussaat ist nicht zu denken. Die Wochen vor den Osterferien gingen dahin.

Etwa 15 Kinder hatten sich zum Mitmachen in der freien Arbeitsgemeinschaft angemeldet. Jeder Lehrerin hatte ich einige Tage vor dem „Gründungstreffen der freien Arbeitsgemeinschaft Labyrinth" einen Text gegeben, so wußten sie um den Sinn des kleinen Festes.

Diese Vorbereitungen waren sicher eine wichtige Voraussetzung für das ganze Projekt.

Erst gegen Ende April, in der ersten Woche nach den Osterferien, war der Acker genügend trocken. Nach Beratung mit den freundlichen Männern von der landwirtschaftlichen Genossenschaft in Wülfrath, wurden zur Aussaat 15 kg ungebeizter Sommerweizen und 5 kg Gelbsenf gekauft. Vier kleine Päckchen „bunte Wild- und Wiesenblumen" und ein Tütchen „Blauer Rittersporn" für die Labyrinthmitte waren die bunten und hoffentlich blühenden Extras. Wichtig ist, daß bei der Aussaat durch Kinder unbehandeltes und ungebeiztes Saatgut ausgewählt wird, denn bald werden Kinder auf den guten Geschmack des süßen Weizens kommen und die kleinen Münder schon „erste Ernte" halten.

Die späte Aussaat und die meisten kühlen Tage ließen die Saat zwar ankeimen, aber nicht so bald grün werden. Inzwischen hatten die gefiederten Bewohner der umliegenden Büsche und Bäume ihren hungrigen Nachwuchs im Nest. Da war der ungebeiz-

te Weizen mit seinem weichen Mark ein reich gedeckter Tisch. Weil der viele Regen die zudeckende Erde fortgespült hatte, war das eingesäte Labyrinth wie ein riesiger Teller.

Zwei Nachmittage brauchten wir zum Bau des Labyrinths. Zuerst wurde mit einem Pfahl und einer Schnur die Mitte gesucht. Ein kreisrundes Labyrinth ist so leicht abzustecken und mit einem spitzen Holz wird dann Segment um Segment auf den Boden gezeichnet. Wir hatten eine Fläche von ca. 11,50 m Durchmesser zur Verfügung und konnten für jeden Gehkreis 40 cm und für jeden Saatkreis etwa 20 cm abmessen. Mit dem angespitzten Handstab wurden zwei Saatrillen in den zuvor geharkten und geebneten Boden gekratzt. Die Kinder bildeten eine tanzende und stampfenden Kette, um die Erde der Gehkreise sofort fest zu treten. Hier hätten zuvor eingeübte Arbeitslieder geholfen, den gleichen Takt einzuhalten und der „Arbeit" Augen aus Sinn, Würde und Freude gegeben.

An einem weiteren Nachmittag wurde der kleine Garten in den Endzipfeln des Ackers angesät: Möhren, Erbsen, Schnittsalat, Radieschen und Spinat wurden von den Kindern ausgesät. Welch ein Staunen über die winzigen Körnchen, und wie die Hände dann die Erde streichelten – ein Saatfest!

Zwischendurch eine Apfelpause. Vom Böschungsrand wurde der Acker und die gelingende Arbeit betrachtet, dem Vogelgesang konnten wir lauschen, die frische Erde riechen – es war das erste Einswerden mit unserem Werk; so hatte das Paradies auch einmal begonnen! (...)

Im Mai war dann die (Rest-)Saat aufgegangen. Bald waren auch die Wege mit Wildkräutern begrünt. Sie wurden langsam unsichtbar und verwirrten das Bild. Ich habe dann zweimal (gegen Ende Mai und im Juni) mit einem scharfen Kratzer die Wege wieder blank gemacht.

Vor den Ferien wurde von den Kindern der Garten gepflegt und das Gemüse von den schneller wachsenden Wildkräutern befreit. (...) In den Schulferien wurde der Garten von einigen Kindern besucht und dabei der erste Schnittsalat geerntet.

In dieser Zeit war das Labyrinth zu einem riesigen Kamillenmeer aufgeblüht. Im warmen Sommerwind brodelten die Heilessenzen aus den unzähligen weißgelben Blüten dem Begeher in die Augen und die Riechsinne – eine Orgie der reinen Fülle!

Auch der Gelbsenf stand gut in seinen gelben von unten nach oben blühenden und reifenden Rispenähren. Der rote Punkt des Mittelpfahles konnte nur mühsam gefunden werden. Der Mohn aus der Tüte und einige blaue Kornblumen suchten ebenfalls das Licht. (...)

Nach der Blühzeit der Kamille drohten die breitbauchigen Labyrinthringen umzufallen und zu faulen. So habe ich viele Arme voll Kamillenbüschel mit einiger Sorgfalt aus der Erde ge-

Erd- und Wildblumenlabyrinth in Tapton Park, Chesterfield/England von Jim Buchanan
Mit 130 m Durchmesser ist es das größte Labyrinth der Welt.

zogen – aber der mit blühenden Ähren dazwischen stehende Sommerweizen sollte weiterwachsen, was auch insgesamt gelang. Nun war auch Platz da für andere Wildkräuter. Wo mochte nur deren Same herkommen?

Der Sommer 1984 war durch lange und plötzliche Regentage gekennzeichnet. Jetzt zeigten sich auch die „Schwächen" einer freien Arbeitsgemeinschaft: um die Kinder und Lehrerinnen einzuladen, bedurfte es doch einiger absehbarer trockener (...) Tage. Wäre das Labyrinth die Aufgabe einer Schulklasse, so könnte der Lehrer flexibler reagieren. Es bedürfte nicht des langen Weges einer schriftlichen Verständigung.

Etwa vier Wochen nach der allgemeinen Getreideernte war auch unser Labyrinthweizen zu reifen Ähren gekommen. Durch den feuchten Standort, die Überfülle der mitwachsenden Pflanzengemeinschaft, zeigten sich die Ähren ziemlich schwarzfleckig. Und doch sollten wir noch einen schönen Rest von dem ernten, was die gefiederten Sänger übriggelassen hatten.

Von einigen heftigen Regenschauern unterbrochen, haben wir dennoch Erntetag gehalten. Auch das wäre für die Kinder ein Erlebnis gewesen: ein reifes Weizenfeld und die darüberliegende Sonnenglut, und dann mit der biblischen Sichel die Ähren schneiden und mit einem Strohseil binden. (...) Einige Wochen nach dem Erntetag – der Regen drängte uns weit in den Herbst – haben wir einen langen Nachmittag gefeiert:

Zunächst gingen wir ins nahe Wäldchen, um Fallholz aufzulesen. Nachher schleppten alle Kinder das Holz herbei.

Einige krummgebrannte Klinkersteine vom Neubau unseres lieben Bauern wurden auf die Erde gelegt, darüber das ausgedroschene Stroh. Darauf schichteten wir das dünnere Holz und schließlich die kräftigeren und feuchteren Äste. An diesem Nachmittag waren viele Kinder gekommen, aber wegen der zwei Tage später beginnenden Herbstferien hatte keine der Lehrerinnen sich kurzfristig freimachen können. So mußte ich die Kinder in mehreren Gruppen an die einzelnen Tagesschritte heranleiten – sie waren voll von sprühendem Schaffenseifer!

Was haben wir alles an diesem Herbsttag getan? Erstens im Wäldchen Brennholz gesammelt; zweitens mit den Ährengarben und den Weintrauben eine Prozession zur Labyrinthmitte versucht und dort die Ähren und Trauben zu einer großen und geschmückten Hocke aufgebaut; drittens die Ähren gedroschen; viertens mit vorher gemahlenem Weizenmehl ein Brot angeteigt und einiges vom Teig für Stockbrote, die später über der Glut gebacken und geröstet wurden, für alle beiseite gelegt; fünftens den Ariadnefaden über die Labyrinthwege gelegt; sechstens ausgedroschenes Stroh und Holz angezündet und das Feuer in Gang gebracht; siebtens Kartoffeln ausgegraben und mit Alufolie in die wachsende Glut gelegt; achtens dem aufsteigendem Rauch nachgeschaut und über dem Feuer Stockbrot und Würstchen gebacken; neuntens die hereinbrechende Dunkelheit und die Abendkühle gesehen und gespürt, um schließlich näher an das niederbrennende Feuer zu rücken, wo Stockbrot, Kartoffeln, Würstchen und das mit einer Spirale geschmückte Brot langsam gar wurden – wir waren fast an den Anfangspunkt unserer Labyrinth-Arbeit zurückgekehrt, als schließlich am späten Abend die unruhigen Eltern ihre noch feuerglühenden Kinder abholten. (...)

Nach den Herbstferien gab es doch noch einen kurzen „Altweibersommer". Im Labyrinth hatten die Spinnen ihre „Telefondrähte" über die Wege in die leeren Ähren des Weizens gespannt. Zwischen den Wegen hatten sich neue herbstliche Ödkräuter erhoben. (...)

Noch einmal – wie so oft in diesem Halbjahr – vorsichtig schreitend zur Mitte gehen; die Windungen der Wege lösen den Menschen aus seinen eingepflanzten Orientierungsnetzen: wo ist Osten und Süden und Norden und Westen? Wo bin ich hineingeschritten und wo ist die haltende Mitte: sie kommt am Ende des Weges ganz überraschend und ist einfach da. (...) Die gezeichnete Erde hat auch den Geher mitgezeichnet. Das irdische Labyrinth wird große und weite Kreise zum himmlischen Ort des Lichtes weben. Ganz langsam schreiten die Füße aus diesem Raum in den Alltag des leeren

Ackers zurück – danke für diese kostbare Zeit und danke für dieses atemvolle Zeichen.

Als der Holunder schon überreif war und die Sonne am Nachmittag nur noch wenig über die weit geschwungenen Kammlinien der Felder stieg, kamen zum letzten Mal einige Kinder zum Labyrinth. Das Brot vom Herbstfeuer war im häuslichen Ofen reifgebacken (...) Heute wurde es in die Mitte gestellt, und der frischgepreßte Saft aus den Trauben stand in der Glaskanne daneben. (...)

Die baldige Dunkelheit gibt dem Kerzenweg im Labyrinth genug Schatten und die Stille des Abends trinkt das wandernde Licht in vollen Zügen: wie groß sind doch die einfachen Zeichen: Brot, Wein, Licht und Nachtschatten über und in der Erde.

Mitte November konnte der Bauer die letzten Kartoffeln aus der herbstnassen Erde ziehen. An einem frühen Morgen zog der schwere Traktor die dreireihige Pflugschar über das Feld. Wie mag dem Bauer zumute gewesen sein, als er das müde Labyrinth unter die glänzende Erde brach – ich sah noch die Saatmaschine, die hinter der vielzinkigen Egge die nächsten Fruchtlinien in den Acker zeichneten: eine neue Hoffnung.

In der Fastenzeit des Jahres 1985 kamen Kinder und Eltern ins Pfarrzentrum, um dort die Farbdias vom Beginn, vom Heranwachsen und von den Herbsttagen des Labyrinths zu sehen. Alle waren fast ein Jahr älter geworden, die Kinder jetzt in der vierten Klasse: So klein waren wir damals? Und so haben die Kinder mitgearbeitet? fragten die Eltern. Die Lehrerinnen hatten dazu viel zu erzählen. (...)

Vielleicht wird in diesem Jahr auf „unserem Feld" zwischen dem neuen reifenden Korn ein vergangenes Zeichen neu aufblühen – vielleicht wird einiges von der blühenden Saat des Labyrinths (...) noch einmal zu farbenfrohen Zeichen wachsen, wenn ein neuer Sommer das Feld zwischen Weg und Bach zur vollen Reife erwärmt – vielleicht werden andere Kinder auf anderen Feldern auch dieses Glück ernten, wenn sie vorher die Mühe der Aussaat aushielten.

Ein Erfahrungsbericht von Hartmut Vogler

Literaturhinweise

Adrian Fisher, Geheimnis des Labyrinths, Aarau 1998
Hubertus Halbfas, Religionsunterricht in der Grundschule, Lehrerhandbuch 4, Düsseldorf 1986
Helmut Jaskolski, Das Labyrinth. Symbol für Angst, Wiedergeburt und Befreiung, Stuttgart 1994
Hermann Kern, Labyrinthe. Erscheinungsformen und Deutungen. 5000 Jahre Gegenwart eines Urbilds, München 1982
Hermann Kirchhoff, Urbilder des Glaubens, München 1988
John Kraft, Die Göttin im Labyrinth, Bern 1997
Kurt Krüger, Rasenlabyrinthe, Eigendruck, Marburg 1995
Henri Lhote, Les Gravures Rupestres de L'oued Djerat, Tome I, o.J
Sig Lonegren, Labyrinthe. Antike Mythen und moderne Nutzungsmöglichkeiten, Frankfurt/M. 1998
Nigel Pennick, Das Geheimnis der Labyrinthe, München 1992
Alfons Rosenberg, Christliche Bildmeditation, München 1975
Carl Schuster, Social Symbolism in ancient and tribual Art (Materials), hgg. v. Edmund Carpenter, Rock Foundation 1988
Frank Waters, Das Buch der Hopi, München 1980

Wer in das Thema eintauchen möchte, dem sei als erstes Hermann Kerns Klassiker empfohlen.

Adressen

Caerdroia Journal: Hrsg. Jeff Saward, Labyrinthfachzeitschrift
Bestelladresse: 53 Thundersley Grove, Thundersley, Essex SS7 3EB, England, erscheint einmal jährlich
Labyrinthbau Candolini, Klosterweg 41, A – 6405 Pfaffenhofen
Labyrinthplatz Zürich, Postfach, CH – 8135 Langau a. A.
Adrian Fisher Maze Design, 5 Victoria Grove, Portsmouth, PO5 1 NE, England
Veriditas: Grace Cathedral, 1100 California St., San Francisco, CA 94108, USA
The St. Louis Labyrinth Project Robert Ferré, 128 Slocum Ave. St. Louis, MO 63116, USA
Labyrinth Society, Sig Lonegren, PO Box 218, Greenboro, Vermont 05841, USA

Gotische Kirchenlabyrinthe	Errichtung	Zerstörung	Art/Besonderheiten
FRANKREICH			
Amiens	1288		Begehbares Bodenlabyrinth (achteckig)
Arras	13. Jh.	1793	wie Amiens
Auxerre/St. Etienne	1334	1690	Bodenlabyrinth (rund)
Bayeux	14. Jh.		Kapitelsaal (10 Umgänge)
Chartres	1202 oder 1230		Begehbares Bodenlabyrinth (rund)
Chalons-sur-Marne	16. Jh.		Glasierte Ziegel, einzigartige dekorative Darstellung
Finisterre/Pont-l'Abbe	15. Jh.		Es gibt nur Gerüchte über auf Ziegel eingravierte Labyrinthe
Genainville/Dorfkirche	14. Jh.		Ritzzeichnung auf Stein (achteckig)
Guingamp/Basilika Notre Dame	14. Jh.		Replik von Chartres
Mirepoix	ca. 1530		Chartres seitenverkehrt mit Minotauros
Poitiers	13. Jh.	?	Es existiert nur mehr ein (fehlerhaftes) Graffito an der Wand
Reims	13. Jh.	1778	Achteckig mit Bastionen
Sens	12. Jh.	1768	Rund, ähnlich wie Chartres
St.Quentin	1495		Begehbares Bodenlabyrinth (achteckig)
Toulouse, Chapelle de la Prevote	15.Jh.		Aus neun Fliesen, Typ Chartres
ITALIEN			
Lucca	13. Jh.		Ritzung an einer Eingangssäule
Pavia/San Michele	12. Jh.		Bodenmosaik, nur mehr teilweise erhalten
Piacenza/San Savino	12. Jh.	?	Mosaik im Kirchenschiff, verschwunden
Pontremoli	12.Jh.		Überrest aus der zerstörten Pilgerkirche San Pietro, Typ Chartres mit Christusmonogramm (heute im Schloß Pignaro)
Ravenna	16. Jh.		7 Umgänge (rund), Typ Chartres
Rom/St. Maria in Aquiro	12. Jh.	19. Jh.	wie Ravenna
ENGLAND			
Bristol/Mary Redcliff	15. Jh.		Ungewöhnlicher Ort (Deckenmuster)
IRLAND			
Rathmore	16.Jh.		Kalksteinrelief in der Kirchenwand
DEUTSCHLAND			
Köln/St. Severin	12. Jh.	1840	offensichtlich das einzige alte Kirchenlabyrinth Deutschlands

Labyrinth aus Backofenziegeln im Franziskanischen Zentrum St. Sebastian in Augsburg

Historische Rasenlabyrinthe	Errichtung	Typ	Art/Besonderheiten
ENGLAND			
Alkborough	vor 1690	Chartres	Gleiches Labyrinth in Kirchenfenster und auf Grabstein
Breamore	vor 1700	Chartres	
Dalby	vor 1850	klassisch	
Hilton	1660	Chartres mit Veränderungen	Neben Dorfkirche. Ursprünglich 11 Umgänge, heute nur mehr 9.
Saffron Walden	1669	Sonderform	Größtes altes Rasenlabyrinth mit 17 Umgängen
Somerton	?	klassisch	Neben privater Farm
Winchester	um 1700	Sonderform (quadratisch)	Der Weg ist nicht auf dem Gras, sondern im ausgestochenen Weg.
Wing	?	Chartes	
DEUTSCHLAND			
Graitschen	17.Jh.	kretisch	Labyrinth auch im Wappen und Siegel der Stadt
Hannover	17.Jh.	mit 2. Ausgang	Linde in der Mitte
Steigra	17.Jh.	kretisch	

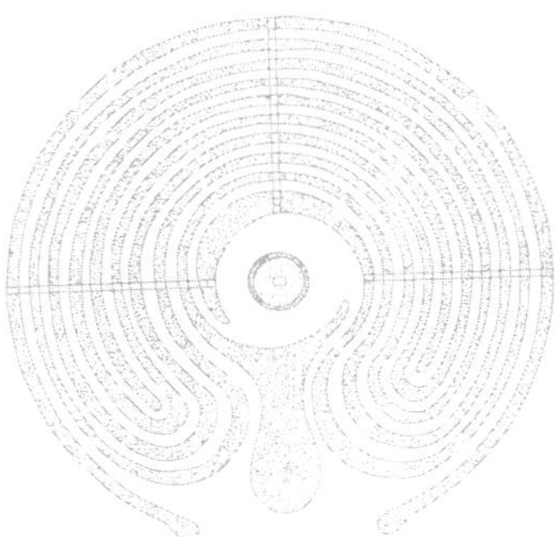

Neue Rasen- und Plattenlabyrinthe (Auswahl)	Jahr	Typ	Erbauer	Ausführung
ENGLAND				
Grey's Court	1981	gotisch, 7 Umgänge	Adrian Fisher	Tonziegel in Rasen
Bath	1984	Sonderform	Adrian Fisher	Betonplatten in Rasen
SCHWEIZ				
Zürich, Zeughaus	1991	ein klassisches und ein gotisches ineinander	Labyrinthfrauen von Zürich	Betonplatten und Pflanzung
DEUTSCHLAND				
Würzburg, Haus St. Benedikt	1991	kretisch	Beatrice Grimm	Natursteine im Sandbett
Augsburg, St. Sebastian	1991	Chartes	P. Heinz Naab	Tonziegel in den Rasen
Hofheim-Langenheim	1996	kretisch	Evang. Kirchen-gemeinde	
Nellingen	1992	kretisch	Labyrinthfrauen von Nellingen	Erdaufschüttung
ÖSTERREICH				
Bad Tatzmannsdorf, Kurpark	1996	kretisch	Kurbad AG	eingefaßte Pflanzung
Loipersdorf		kretisch (viereckig)		Flußsteine
Pöllau, Stiftsgarten		kretisch		Flußsteine und Pflanzen
Heiligenkreuz, Haus der Stille	1996	Chartres	Haus der Stille	verschiedenfarbige Pflastersteine
Innsbruck, Siebererschule	1995	kretisch	Gernot Candolini	Palisaden mit Blumen-bepflanzung
Innsbruck, Domplatz	2000	Sonderform	Gernot Candolini	verschiedenfärbige Granitplatten

Labyrinth von Grey's Court bei London/England

Das klassische oder kretische Labyrinth

1. Das klassische oder kretische Labyrinth

Tip 1
Dieses Labyrinth kann sehr leicht mit beliebigem Material am Boden ausgelegt werden.

Tip 2
Konstruiere Dein eigenes Labyrinth. Von der Konstruktionsmethode (s. S. 24) ausgehend können verschiedene Varianten versucht werden.

Tip 3
Das Labyrinth ist auch ein Symbol für die Verbindung von Himmel und Erde. Male die untere Hälfte des Labyrinths mit „erdigen" (grün, braun, rot) und die obere Hälfte mit „himmlischen" (blau, gelb, weiß) Farben aus.

Das klassische Labyrinth ist die älteste bekannte Labyrinthform. Sie entstand im Mittelmeerraum und hatte sich bereits im Altertum weltweit verbreitet. Das Labyrinth wurde in Felsen oder Ton geritzt, aufgemalt, ausgelegt oder auf Münzen geprägt. Damit wurde das labyrinthische Gefängnis des Minotaurus, eines mythischen Stier-Mensch-Ungeheuers, dargestellt. Der griechische Held Theseus hat dieses Ungeheuer im Labyrinth besiegt. Das Labyrinth bekam über diese Geschichte hinaus eine allgemeine symbolische Bedeutung für Gefangensein und Befreiung, Tod und Leben, Unterwelt und Rettung.

Klassisches oder kretisches Labyrinth *(rechteckig)*

2. Klassisches oder kretisches Labyrinth (rechteckig)

Tip 1

Einfach und rasch läßt sich ein Labyrinth in rechteckiger Grundform auslegen. Bretter, Strohballen, Schnüre oder alte Zeitungen sind dafür gut geeignet.

Tip 2

Zeichne das Labyrinth mit einem Ritzstift in eine Tonplatte. Fülle die Vertiefungen mit Glasierfarbenpulver aus und lasse es brennen. Das Loch zum Aufhängen nicht vergessen.

Das klassische Labyrinth kann auch rechteckig gezeichnet werden. Solche Labyrinthe findet man auf kretischen Münzen, als Mosaike, in alten Handschriften oder als Holzschnitzereien.
Es haben sich sogar Beispiele von 2000 Jahre alten rechteckigen Labyrinthen erhalten, die offensichtlich zum Zeitvertreib als Graffiti auf Hauswände gekritzelt wurden. Diese Labyrinthvorlage ist von einer kretischen Münze abgezeichnet, die im Kunsthistorischen Museum in Wien aufbewahrt wird.

Der Ariadnefaden

3. Der Ariadnefaden

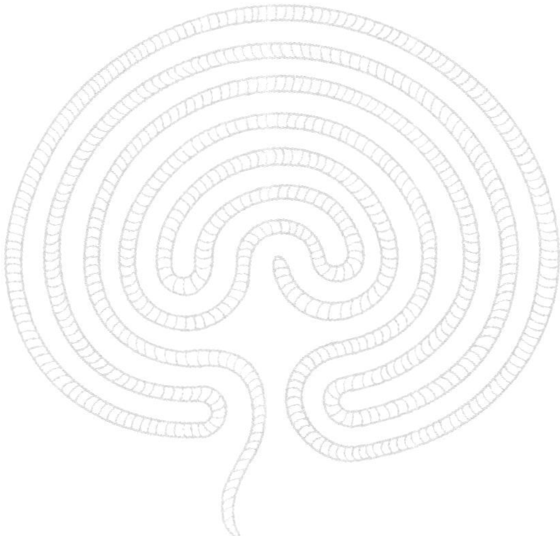

Tip 1
Dieses Labyrinth kann man besonders gut im Schnee austreten.

Tip 2 Partnerübung
Der Mann denkt sich ein wichtiges Ziel, das er erreichen will. Er nimmt einen blauen Stift und fährt damit entlang der Linien zur Mitte. Dann nimmt er einen roten Stift und schließt die Augen. Die Frau nimmt seine Hand und führt sie den Labyrinthweg entlang wieder heraus. Ein interessantes Partnergespräch kann beginnen; zum Beispiel mit der Frage, die er an sich richtet: „Kann ich ihr vertrauen?“ oder mit der Frage, die sie sich stellt: „Kann ich ihn führen?“

Tip 3
Die Labyrinthform mit dem Rasenmäher ca. 1 m breit ausmähen. Alle nehmen ein langes Seil in die Hände und laufen bzw. tanzen in das Labyrinth hinein und wieder heraus. Wenn für den „Ariadnetanz“ eine Begleitmusik gewählt wird, sollte man bedenken, daß der Tanz sicher länger als 10 Minuten dauert.

Der Weg durch das Labyrinth wird als Ariadnefaden bezeichnet. Als Theseus sich aufmachte, gegen den Minotaurus im Labyrinth zu kämpfen, gab ihm die kretische Prinzessin Ariadne einen Faden mit, damit er aus dem Labyrinth auch wieder herausfand. Daher kommt die Redewendung „Den Faden nicht verlieren!“. Der Faden der Ariadne ist aber auch ein Symbol für die Liebe: Der Mann sollte nach seinen „Heldentaten“ zur Frau zurückfinden. Das ist manchmal ganz schön „labyrinthisch“.

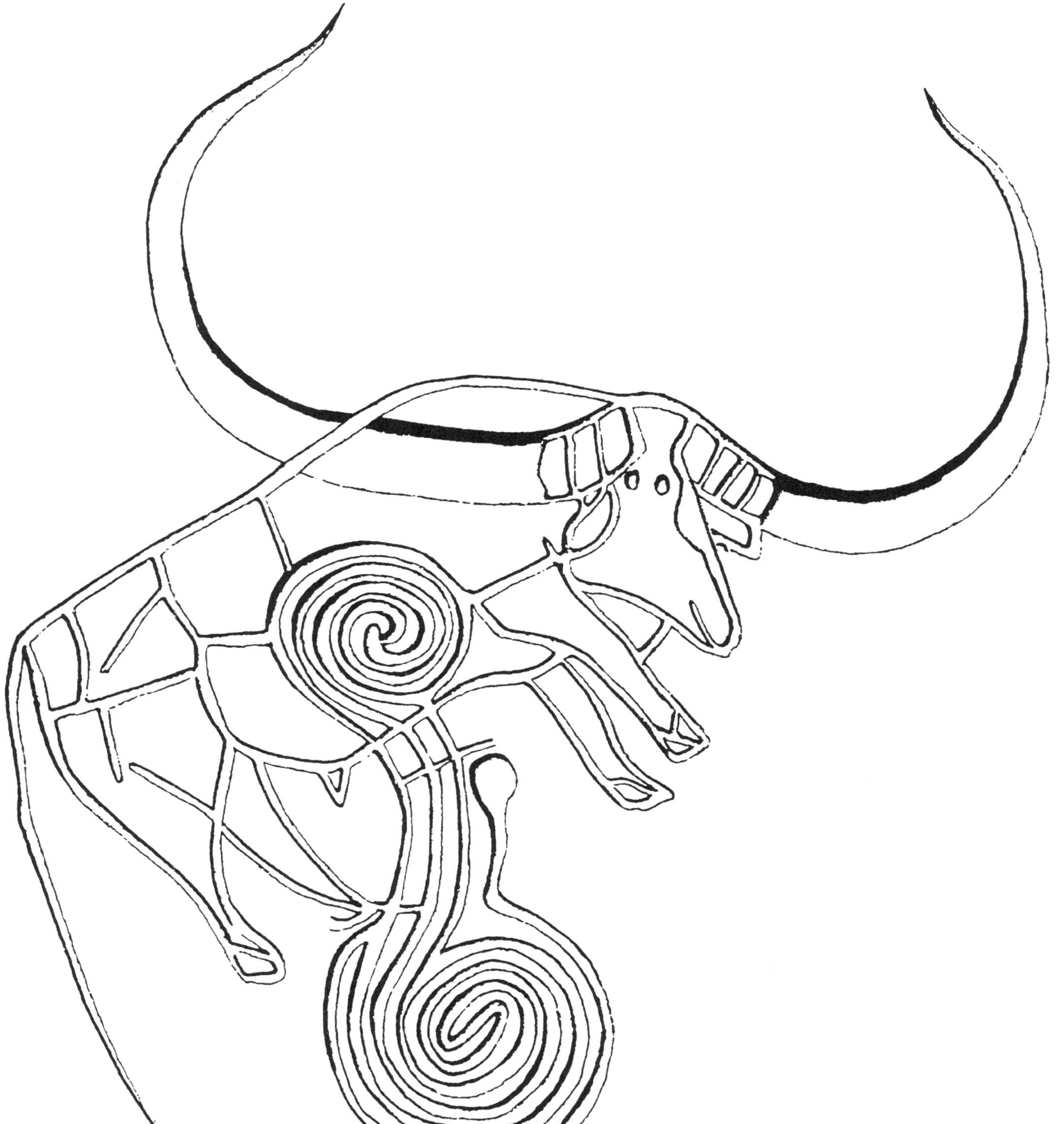

Felsbild aus Libyen

4. Felsbild aus Libyen

Tip 1
Male das Bild mit kräftigen, erdigen Farben aus.

Tip 2
Starte beim Eingang (Verdickung des Spiralendes unter den Vorderbeinen) und fahre die Linien entlang.
Was erzählt dieses Bild über Vater, Mutter und Kind?
Was erzäht dieses Bild über die eigene Mutter?

Tip 3
Wer die Doppelspirale mit dem Rasenmäher auf einer Wiese ausmäht, hat eine interessante Rennbahn, mit der sich lustige, aber auch meditative Spiele machen lassen.

Auf dieser 10 000 Jahre alten Felsgravur aus dem Tassili Gebirge in der libyschen Sahara ist ein Rind dargestellt mit einer seltsamen Doppelspirale. Die Doppelspirale ist vermutlich ein Symbol für Mutter und Kind, die durch die Nabelschnur verbunden sind. Die Verbindung zwischen Rind und verschlungenen Pfaden erinnert jedoch auch an die Minotaurusgeschichte. Wenn man die Spirale nachfährt, entsteht ein interessanter Weg, der aufgrund der Abzweigungen viele Möglichkeiten eröffnet. Der Eingang ist leicht zu finden, aber wo ist der Ausgang? Gibt es überhaupt einen?
Dieses Bild ist rätselhaft, und niemand weiß genau, was es bedeutet.

Römisches Labyrinth

5. Römisches Labyrinth

Tip 1

Male die grafischen Grundformen des Bildes (Quadrat, Kreis, Kreuz) aus.

Tip 2

Nimm eine 60 x 60 cm große Preßspanplatte und klebe mit kleinen Leisten (ca. 1 x 0,5 cm) das Labyrinth auf. Nimm die Platte in beide Hände, lege eine Murmel in den Eingang und bewege die Platte so, daß die Murmel zur Mitte rollt.
Auch wenn uns als erstes immer gleich ein Spiel auf Zeit einfällt – und auch viel Spaß macht –, sollte man auch das ruhige, gemächliche Durchlaufen versuchen. Es ist eine ausgezeichnete Übung für unseren Gleichgewichtssinn, ein Training zur Verbindung beider Gehirnhälften und eine konzentrierte Meditationsform.

In der römischen Kultur entwickelte sich ein neuer Labyrinthtyp. Bei diesem Labyrinth wird immer ein Quadrant ganz durchschritten, bevor es in den nächsten weitergeht. Diese Labyrinthe wurden oft als Mosaike zu Dekorationszwecken in Bädern oder vornehmen Villen ausgelegt. Meist waren sie zusätzlich mit Darstellungen aus der Theseussage geschmückt. Die Römer liebten grafische Effekte. Wer genau hinsieht, kann Vierecke, Dreiecke und ein Kreuz erkennen.

Rundes römisches Labyrinth

6. Rundes römisches Labyrinth

Tip 1

Betrachte das Mittelbild: Mit welcher Figur kannst Du Dich am ehesten identifizieren und warum? Das Labyrinth umschließt die Figuren wie ein Gefängnis. Wollen sie heraus? Seltsamerweise beginnt der Ausgang aus der Mitte nicht an einer bestimmten Stelle, sondern es ist in jeder Richtung möglich, den Kreis zu betreten und loszugehen. Vielleicht ist das ein guter Rat für die eigene Lebenssituation: Egal in welche Richtung, aber tue einen Schritt.

Tip 2

Die Figur des Minotaurus ist im originalen Mosaik beschädigt und nicht mehr erkennbar. So ist auch das Böse im Leben oft schwer zu erkennen und zu bekämpfen. Denke nach, ob es etwas in Deinem Leben gibt, das verdeckt ist, aber gegen das zu kämpfen gut und wichtig wäre.

Dieses Labyrinthmosaik stammt aus dem Palast des römischen Proconsuls in Kato Paphos auf Zypern. Es hat eine eigenwillige Linienführung und ist im Gegensatz zu den meisten römischen Labyrinthen rund. Das Flechtband im Labyrinthweg stellt den Ariadnefaden dar, im Mittelfeld findet ein Kampf zwischen Theseus und dem Minotaurus statt. Dieser Kampf wird von drei Zuschauern beobachtet: von Ariadne, einer weiteren Frau und einem Mann; wahrscheinlich stellen sie Pasiphe und Minos, die Eltern von Ariadne dar.

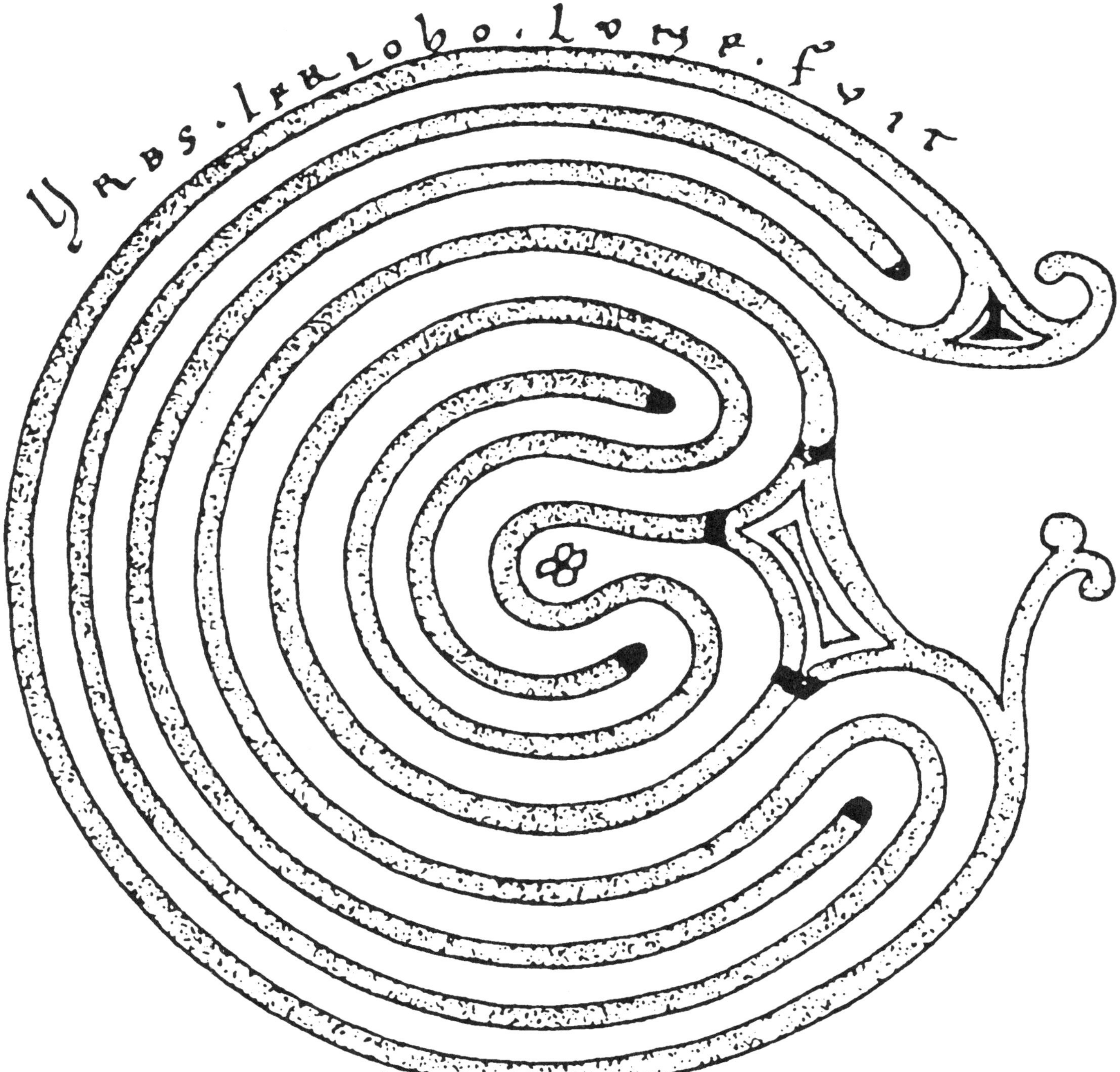

Jericho als mondförmiges Labyrinth

7. Jericho als mondförmiges Labyrinth

Tip 1
Kopiere und vergrößere das Bild auf DIN A3-Format. Trage auf die dunkleren Linien Klebstoff auf. Bestreue das Ganze mit kleinen Samen. Hänge das Bild in die Küche oder ins Schlafzimmer.

Tip 2
Vergrößere oder verkleinere das Labyrinth nach Bedarf. Schneide es aus und verwende es als Schablone für ein Henna Tattoo. Wenn der Partner damit überrascht werden soll und fragt, was das ist, dann erzähle ihm, daß sich manche für eine Eroberung ziemlich Mühe geben.

Tip 3
Schöne Vorlage zum Auslegen für einen Labyrinthtanz.

Labyrinthe finden sich häufig in der mittelalterlichen Buchmalerei. Aus einer Sammelhandschrift des 12. Jahrhunderts aus St. Emmeram in Regensburg stammt dieses mondförmige Labyrinth, das die Stadt Jericho darstellen soll. Die Stadt Jericho ist berühmt für ihre legendäre Eroberungsgeschichte. Siebenmal zogen die Israeliten um die Stadt, so wie auch das klassische Labyrinth sieben Umgänge hat. Vermutlich deshalb wurde das Labyrinth als symbolische Darstellung für diese Stadt gewählt. Die Schrift beim Labyrinth lautet „Urbs Iericho Lune fuit assimilata figure" und heißt übersetzt: Die Stadt Jericho war von mondähnlicher Gestalt.

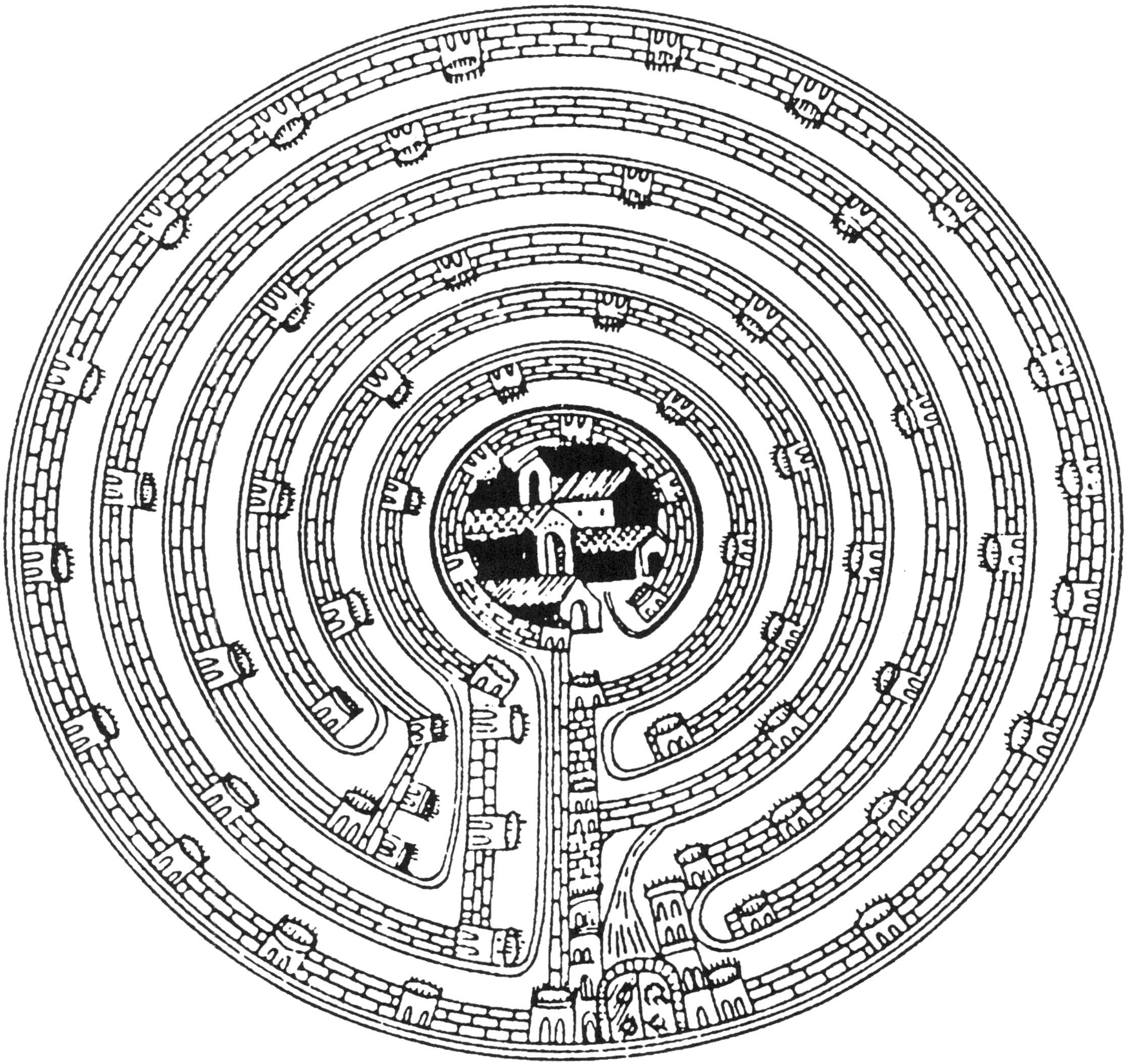

Die Stadt Jericho im Labyrinth

8. Die Stadt Jericho im Labyrinth

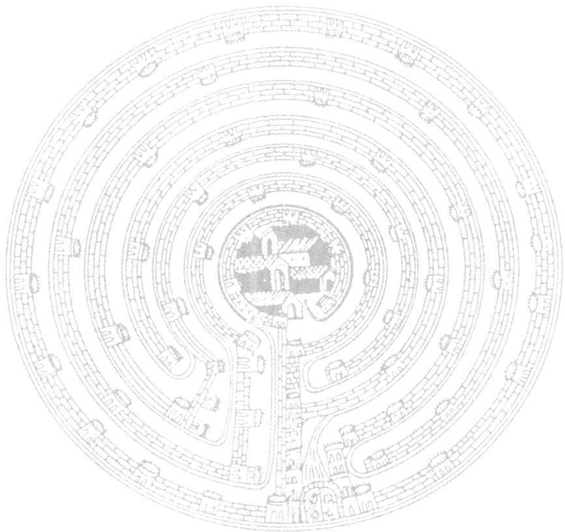

Tip 1

Falls man ein Labyrinth bauen möchte, aber aus irgendeinem Grund nur für sechs oder fünf Umgänge Platz hat, so ist dies die richtige Vorlage. Bei fünf Umgängen wird einfach der innerste Kreis weggelassen. Besonders bei Kerzenlabyrinthen verwendet man besser kleinere Labyrinthe, weil sie nicht so viel Material verbrauchen.

Tip 2

Male den Weg durch das Labyrinth, den Faden, rot an.

Tip 3

Lege das Labyrinth mit Ziegel- oder Pflastersteinen aus. Fast jede Bauwarenhandlug hat nicht gebrauchsfähige Ziegel o.ä. Von der Größe her genügt es, wenn man gerade noch durch die Gänge durchgehen kann.

Für eine Labyrinthmeditation oder ein Gebet ist dieses Labyrinth in zwei Richtungen besonders geeignet. Entweder um eine Schutzmauer aufzurichten, wenn in der Seele etwas geschützt werden muß, oder um Schutzmauern abzubauen, wenn Mauern bei Dir oder einem anderen abgerissen werden müssen.

In der Farhi Bibel, einem hebräischen Testament aus dem 14. Jahrhundert, das in Spanien geschrieben wurde und sich heute in einer Privatbibliothek in Jerusalem befindet, gibt es diese ganzseitige Miniatur. Hier werden die Mauern der Stadt Jericho als Labyrinth gezeichnet. Der Eingang ist ein fest verschlossenes Tor. Das Labyrinth hat zwar die klassische Form, aber nur sechs Umgänge. Die entsprechende biblische Geschichte kann im Buch Josua (Kap. 2 und Kap. 6) nachgelesen werden.

Das Otfridlabyrinth

9. Das Otfridlabyrinth

Tip 1

Fahre das Labyrinth mit dem Finger ab. Hast Du es beim ersten Mal geschafft oder gehörst Du zu den vielen, die kurz vor dem Ziel unkonzentriert werden?

Tip 2

Male jeden Bogen in einer anderen Farbe aus.

Tip 3

Dieses Labyrinth existiert bis heute nirgendwo in begehbarer Form. Falls jemand Gelegenheit hat, es zu bauen, lassen Sie es uns bitte wissen.

Aus dem 9. und 10. Jahrhundert kennen wir einige Labyrinthdarstellungen, die eine Übergangsform zwischen klassischem und gotischem Labyrinth darstellen. Sie werden auch Otfrid-Labyrinthe genannt, nach einem Priester, der um 868 in der Klosterschule Weißenburg im Elsaß eine althochdeutsch geschriebene Auswahl von Evangelientexten vollendete. Auf dem Vorsatzblatt dieses Buches befindet sich ein Labyrinth mit 11 Umgängen. Eine zweite Abbildung zeigt eine Kreuzigung, die in Farbe und Größe mit dem Labyrinth genau übereinstimmt. Das Buch mit dieser Labyrinthzeichnung hat sich erhalten und befindet sich heute in der österreichischen Nationalbibliothek in Wien.
Vom Benediktinerkloster in Weißenburg im Elsaß existieren nur mehr Ruinen.

Chartres

10. Chartres

Tip 1

Wer dieses Labyrinth in seinem Herzen trägt, der wird manches in seinem Leben mit großer Gelassenheit sehen und unbeirrt weitergehen.

Tip 2

Diese Vorlage ist die richtige, wenn man ein großes christliches Labyrinth bauen will.

Tip 3

Kopiere das Labyrinth auf DIN A3-Format und schreibe in die Gänge eine Geschichte.

Tip 4

Um die Strukturierung des Weges besser überblicken zu können, kann der ganze Weg in vier bis sieben Farbabschnitte eingeteilt werden. Farbe 1 = blau (5 Wendungen), Farbe 2 = grün (5 Wendungen) usw.

Das Labyrinth in der Kathedrale von Chartres/Frankreich ist das bekannteste aller Labyrinthe.
In den mittelalterlichen Handschriften hatte sich schon ein neuer Labyrinthtyp angekündigt: Das Kreuz wird in die Mitte des Labyrinths eingeschrieben. Alle Wendungen werden an diesem Kreuz angeordnet. Es entsteht das mittelalterlich-christliche oder gotische Labyrinth, das in der Regel 11 Umgänge hat.

Chartres (original)

11. **Chartres** (original)

Tip 1

Male das Labyrinth aus und beginne bei der Blume in der Mitte.

Tip 2

Für Mathematikfans: Wie oft muß man sich wenden? Rechne alle Drehungen zusammen, die der Mensch, der dieses Labyrinth begeht, um seine eigene Achse macht.
Was könnten die 113 Strahlen (Zähne) bedeuten? Bis heute gibt es dafür keine befriedigende Erklärung. Möglicherweise muß man von 113 +1 ausgehen, weil der fehlende Strahl beim Eingang hinzugezählt werden muß.
Welche mathematischen Besonderheiten verbergen sich noch im Labyrinth?

Tip 3

Kopiere das Labyrinth (vielleicht etwas vergrößern) und schreibe in die Mitte ein Ziel, das Du gerne erreichen möchtest.

Am Boden der Kathedrale von Chartres ist dieses Labyrinth um das Jahr 1216 ausgelegt worden.
Dieses Labyrinth ist formvollendet und von einer fast unerschöpflichen Symbolik.
Das Labyrinth von Chartres wird bei der Verwendung als Kopiervorlage oft vereinfacht.
Hier ist eine möglichst genaue Abbildung des Originals. Die Blume in der Mitte ist deutlich sichtbar,
und die Zahl der sie umgebenden „Strahlen", nämlich 113, ist richtig.

Das gotische Labyrinth (achteckig)

12. Das gotische Labyrinth (achteckig)

Tip 1

Der erste Schritt ist oft der schwerste. Kopiere das Labyrinth so groß wie möglich. Stelle noch ein zweites Blatt her, das nur den Eingangsstein und seine Umgebung zeigt. Stell Dich vor das Blatt. Überlege Dir ein Ziel. Bedenke, ob Du es wirklich willst. Wenn ja, dann mach langsam und bewußt den ersten Schritt in das Labyrinth hinein.

Tip 2

In dieser Vorlage nach dem Labyrinth von St. Quetin sind die einzelnen Steinplatten, aus denen das Labyrinth gebaut wurde, eingezeichnet. Male die Steine ohne Eile in verschiedenen Farben aus. Jeder Weg hat viele Schritte, auch solche, die als unbedeutend oder sogar unsinnig empfunden werden. Dennoch kann auf dem Weg zum Ziel keiner ausgelassen werden. Bedenke während des Malens die Ziele in Deinem Leben, die Dir unbedingt wichtig sind, und fasse dabei den Mut für die vielen kleinen Schritte, die zum Erreichen dieser Ziele notwendig sind.

In fast allen nordfranzösischen Kathedralen der Gotik wurde im Eingangsbereich ein Labyrinth ausgelegt. Es sollte zur persönlichen Einkehr der Kirchenbesucher dienen, zur Vorbereitung auf dem Weg zum Altar. Das Labyrinth wurde aber auch für gemeinsame Tänze verwendet, zum Beispiel für den Tanz der Kleriker im Anschluß an den Ostergottesdienst.
Das Achteck hat die besondere symbolische Bedeutung der Erneuerung. Sieben Tage hat die Woche, am achten beginnt eine neue. Achteckige Labyrinthe gibt es heute noch in den Kathedralen von Amiens und St. Quetin.
Wer das achteckige Labyrinth genau betrachtet, erkennt darin das Malteserkreuz. Das Labyrinth als Pilgerweg im Kleinformat und die Malteser als Orden zum Schutz und Betreuung der Pilger stehen hier in geheimnisvoller Verbindung.

Kathedrale von Sens

13. Kathedrale von Sens

Tip 1

Male das Labyrinth von außen nach innen mit immer heller werdenden Farben aus. Male das Labyrinth entlang des Weges mit immer heller werdenden Farben aus.

Tip 2

Entdecke den kleinen Unterschied zwischen dem Wegverlauf dieses Labyrinths und dem von Chartres. Welcher Labyrinthweg spiegelt eher Deine Lebenserfahrung? Ein Weg, auf dem man nach und nach das Ziel erreicht oder ein Weg, auf dem man anfangs rasch ganz in die Nähe des Zieles kommt und es dann immer wieder aus den Augen verliert, ehe man es doch überrascht erreicht?

Tip 3

Der achteckige Mittelstein bildet zu dem runden Labyrinth einen starken Kontrast. Diese Vorlage kann Grundlage eines interessanten Gesprächs über Harmonie und Gegensätze sein. Man könnte versuchen, die Gegensätze durch farbliche oder grafische Gestaltung zu harmonisieren. Entsteht ein zufriedenstellendes Ergebnis? Oder kann auch das Nebeneinander, ja sogar die Verbindung von Kontrasten ein harmonisches Bild ergeben?

Dieses Labyrinth sieht aus wie jenes von Chartres, ist aber doch anders. Der Weg führt nicht zuerst ganz zur Mitte und dann immer weiter nach außen, sondern nur halb hinein, dann nach außen und dann immer weiter zur Mitte. Das im 12. Jahrhundert erbaute Labyrinth der Kathedrale von Sens/Frankreich kann leider nicht mehr begangen werden. Es wurde 1768 aus einem nichtigen Grund herausgerissen. Die Domverantwortlichen störte der Lärm der am Labyrinth spielenden Kinder.

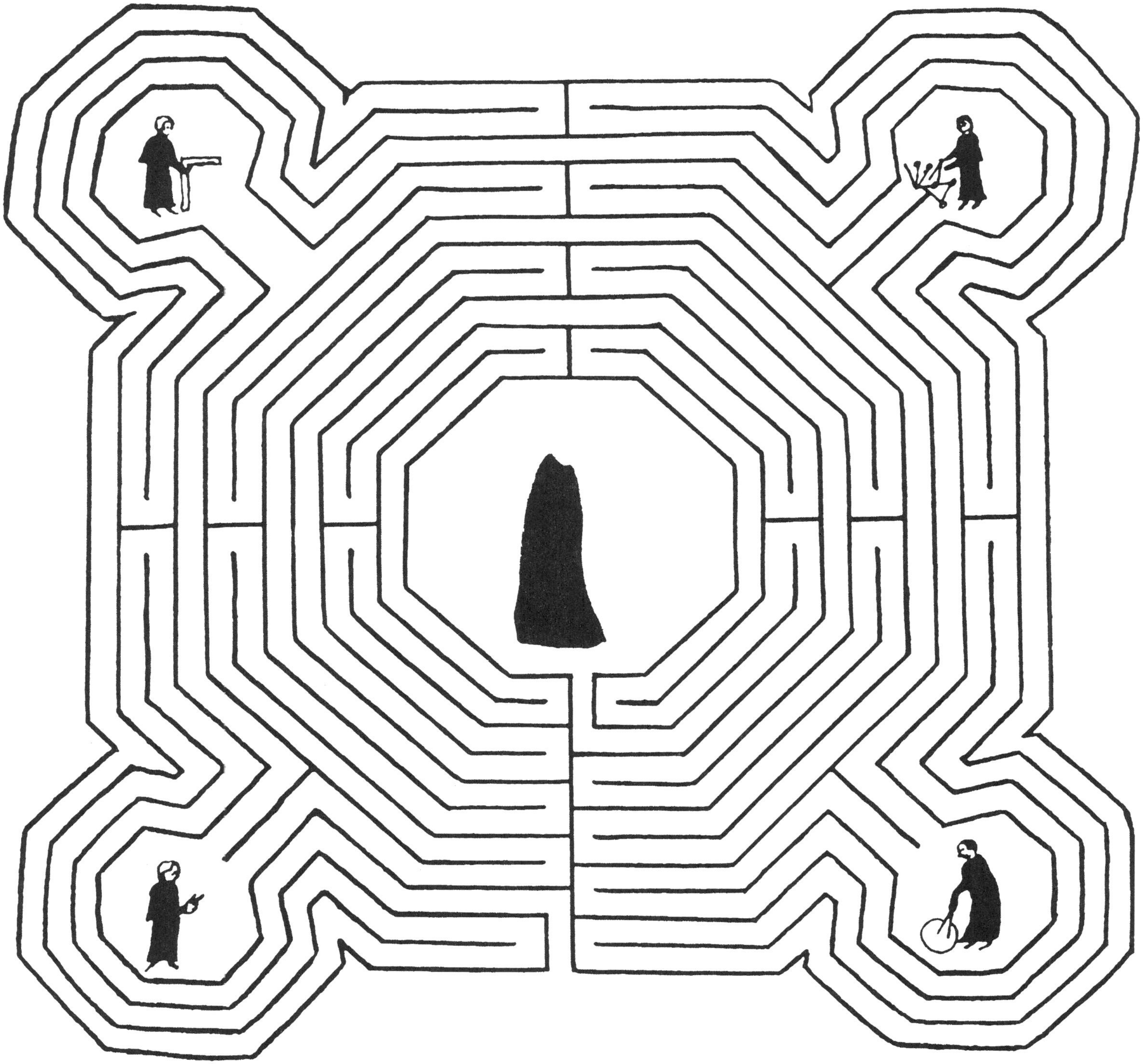

Kathedrale von Reims

14. Kathedrale von Reims

Tip 1
Wer sind die Baumeister in Deinem Leben? Gib den vier Ecken die Namen der Personen, die an Deinem Lebensweg entscheidend mitgebaut haben. Für die innere Person gibt es keine Vorgabe. Sie kann Du selbst, Dein liebster Mensch oder Gott sein. Vielleicht hast Du sogar das Bedürfnis, Dir die Mitte einmal ganz frei zu machen. Dann nimm eine weiße Abdecktinte.

Tip 2
Fahre mit einem Bleistift das Labyrinth ab. Während Du Dich am Anfang des Weges befindest, suche einen einfachen Satz, der Dich wie eine Bitte um Hilfe oder ein Segen begleiten soll. Wenn er gefunden ist, wiederhole ihn immer wieder. Fällt Dir auf einmal ein anderer ein, steige auf den neuen Satz um, ansonsten bleibe beim ersten. Schreibe die Sätze, die Dir auf dem Weg gekommen sind, in das Labyrinth hinein.

Dieses achteckige Labyrinth hat zusätzlich vier Bastionen, in denen die vier Baumeister der Kathedrale abgebildet waren. Die Person in der Mitte war schon auf der nebenstehenden Zeichnung aus dem 16. Jahrhundert nicht mehr zu erkennen. Besonders die Stelle, an der sich der Kopf befand, war fast vollständig abgetreten.
Das Labyrinth wurde auch „Weg nach Jerusalem" genannt, und es gab ein Andachtsbüchlein mit dem Titel: „Stationen auf dem Weg nach Jerusalem, den es in der Kathedrale zu Unserer Lieben Frau in Reims gibt". Durch das Abschreiten des Labyrinths begab man sich also symbolisch auf eine Pilgerfahrt, so als würde man tatsächlich nach Jerusalem pilgern.
Das Labyrinth von Reims war sehr bekannt und wurde bis nach England kopiert (siehe Vorlage 38). Aber auch dieses Labyrinth wurde im 18. Jahrhundert entfernt, weil das lustige Treiben auf dem Labyrinth störte.

Kathedrale von Bayeux

15. Kathedrale von Bayeux

Tip 1
Male die drei durchgehenden Bögen (1, 5, 10) gelb, die Mitte rot, das innere Labyrinth grün und das äußere Labyrinth blau aus.

Tip 2
Das Labyrinth eignet sich gut als Wegvorlage für einen Tanz oder einen Umzug. In letzteren Fall wird der innere Ring weggelassen, um Platz zu gewinnen.

Tip 3 Meditation zur Entscheidungsfindung
Male die drei durchgehenden Bögen in einer hellen Farbe aus. Fahre nun mit dem Finger gemächlich die Labyrinthlinien im äußeren Labyrinth nach und bedenke, welche Umstände und Überlegungen Dich zu dieser Entscheidung geführt haben. Wenn Du im äußersten Ring angekommen bist, überlege ob noch etwas, das für diese Entscheidung eine Rolle spielt, vergessen wurde. Wenn Du in das innere Labyrinth trittst, überlege, welche Konsequenzen aus Deiner Entscheidung in der Zukunft folgen werden. Wenn Du die Mitte erreicht hast, entscheide Dich. Gehe anschließend noch einmal durch Deine Gedanken zurück. Wenn Du das Ende des Labyrinths mit einem guten Gefühl erreichst, war Deine Entscheidung gut.

Dieses gotische Labyrinth ist in vieler Hinsicht besonders. Es wurde nicht im Hauptschiff der Kathedrale gebaut, sondern im Kapitelsaal. Es hat nur einen Durchmesser von fast 4 m und war daher eher als Dekoration gedacht und nicht zum Begehen. Es bestand aus farbig glasierten Ziegeln, die Farbe ist aber heute restlos abgetreten. Dieses Labyrinth hat eine faszinierende Symmetrie. Ganz außen (10. Bogen), in der Mitte (5. Bogen) und ganz innen (1. Bogen) wird der ganze Radius umlaufen. Das Labyrinth wird somit zweigeteilt, – in einen äußeren und einen inneren Weg.

Châlons-sur-Marne

16. Châlons-sur-Marne

Tip 1

Nimm dir die Zeit, die es braucht, dieses wunderschöne Mandala mit Farbstiften auszumalen.

Tip 2

Acht Greife umlagern eine Labyrinthblume. Auch wenn es geflügelte Drachen sind, vermögen sie keine Angst zu verbreiten. Genauso wie die verschlungenen Wege nicht das Gefühl der Orientierungslosigkeit verbreiten, sondern sich zu einer harmonischen Blüte entfalten.
Ist mein Leben auf dieser Erde in all seiner Bedrohung und Verschlungenheit nicht auch so schön?

In den Trümmern der Klosterkirche von Châlons/Frankreich, die 1544 zerstört wurde, wurden zahlreiche glasierte Ziegel gefunden, mit denen der Fußboden ausgelegt war. Sechzehn Ziegel bildeten jeweils ein Motiv, darunter dieses faszinierende Labyrinthmandala. Vier kretische Labyrinthe sind zu einer Blüte zusammengestellt, die von einem Band mit acht einander zugewandten Greifen umgeben sind. Diese Vorlage stammt von einer Zeichnung aus dem Jahr 1850.
Ob die Orginalziegel noch erhalten sind, weiß man nicht.

Ravenna

17. Ravenna

Tip 1

Gehe vom Mittelstein aus, entlang der Pfeile, aus dem Labyrinth heraus. Wenn die Muschel erreicht ist, überlege, ob es nicht Zeit ist, in irgendeiner Form aufzubrechen, wieder auf die Wanderschaft zu gehen, einen neuen Schritt zu tun und der Pilgerseele, die in uns Menschen wohnt, wieder einen Weg zu schenken.

Tip 2

Dieses Labyrinth ist die kleine Form des gotischen Labyrinths (7 Umgänge statt 11) und eignet sich sehr gut zum Auslegen, Austreten (z. B. im Schnee) oder Bauen bei begrenzten Platzverhältnissen.

Der Dom San Vitale in Ravenna/Italien ist für seine außerordentlichen Mosaike berühmt. Aber auch das achteckige Muster am Boden ist eindrucksvoll. Auf der altarzugewandten Seite liegt ein Labyrinth. Es ist ein mittelalterlich-christliches Labyrinth, vermutlich aus dem 16. Jahrhundert, allerdings mit nur sieben Umgängen. Der Weg des Labyrinths ist von innen nach außen mit Pfeilen markiert und führt zu einer Muschel. Die Muschel ist ein Zeichen der Erneuerung und der Pilgerschaft.

Boughton Green

18. Boughton Green

Tip 1

Male das Labyrinth von gelb über orange nach rot aus. Einmal von innen nach außen, immer in der Bewegung der Spirale bleibend, ohne auf die Wendungen zu achten. Ein zweites mal in gleichen Farben aber dem Labyrinthweg folgend.

Tip 2

Wenn die innere Spirale weggelassen wird, entsteht ein gotisches Labyrinth mit acht Umgängen. Wer nicht viel Platz hat und eine große Mitte braucht, kann von dieser Vorlage ausgehen.

Tip 3

Dieses Labyrinth, am Boden aufgemalt oder aufgeklebt, eignet sich auch sehr gut, um darauf verschiedene Kreistänze zu tanzen und zwischen jedem Tanz durch das Labyrinth zu gehen.

In England entwickelte sich der Brauch, Labyrinthe im Rasen auszustechen. Vermutlich hatten englische Pilger die Labyrinthe in den französischen Kathedralen gesehen und machten diese nach. Da diese Labyrinthe in bestimmten Zeitabständen renoviert und nachgestochen werden mußten, haben einige ihre Form im Laufe der Zeit verändert. Im Labyrinth von Boughton Green in Northhamptonshire/England entstand so in der Mitte eine Spirale und auch sonst eine etwas eigenwillige aber auch reizvolle Form. Es wird berichtet, daß der Lauf durch das Labyrinth ein großes Ereignis bei einem dreitägigen Jahrmarkt war, der seit 1353 belegt ist. Vielleicht stammt das Labyrinth bereits aus dieser Zeit? Heute ist es leider zerstört.

The Shepard’s Race

19. The Shepard's Race

Tip 1

Vergleiche dieses Labyrinth mit dem von Reims. Mit großer Wahrscheinlichkeit waren diese beiden Labyrinthe ursprünglich genau gleich aufgebaut.

Tip 2

Wer sich die Mühe macht, dieses Labyrinth in ein Holzbrett einzufräsen, wird mit einem faszinierenden Geschicklichkeitsspiel belohnt. Zwei Personen fassen mit Daumen und Zeigefinger die „Ohren" oder „Bastionen". Nun müssen sie versuchen, eine Murmel durchlaufen zu lassen, ohne daß diese herunterfällt. Dies ist nicht nur ein ausgezeichnetes eutonisches Training, sondern ein interessantes Partnerschaftsspiel. Ehepartner, Teamteilnehmer, die zusammenarbeiten müssen, etc. lernen hier wie bei einem Tanz, sich gut aufeinander einzustellen. Ein Gespräch über die Erlebnisse zu diesem Spiel ist meist sehr aufschlußreich.

Direkt neben einer Kapelle in Sneinton bei Nottingham/England befand sich dieses Rasenlabyrinth. Eine alte Zeichnung zeigt, wie die Kleriker zur Entspannung und zur Meditation im Labyrinth gehen. Das Labyrinth hat zwei Wege zur Mitte, die aber vermutlich nicht ursprünglich sind, sondern erst bei Renovierungen des Labyrinths entstanden. Das Labyrinth existiert heute nicht mehr.

Steigra

20. Steigra

Tip 1

Male die obere Hälfte des Labyrinths in Gelb- und Orangetönen aus, die untere Hälfte in Braun- und Grüntönen. Die Farben symbolisieren die Sonne und die Erde.

Tip 2

Male das Labyrinth auf ein Plakat. Zwei bis sechs Mitspieler werfen zugleich verschiedenfarbige Steinchen, Holzplättchen o.ä. auf das Labyrinth. Wer zuerst weiß, welcher Stein am Weg zur Mitte dem Ziel am nächsten ist, hat gewonnen. (Steigerung: Vorlage 21) Dasselbe funktioniert auch mit Dartpfeilen.

Tip 3

Zeichne über das Labyrinth eine horizontale und eine vertikale Linie. Schreibe in jeden Quadranten einen Begriff. Das können Menschen sein, die Dir wichtig sind, Eigenschaften, die Du an Dir verändern möchtest, Arbeiten, die Du angehen möchtest usw. Nun beginne, langsam und sorgfältig den Weg mit Wasserfarben auszumalen. Das Labyrinth begleitet Dich im Nachdenken über die vier Bereiche, und es kann gut sein, daß es Deine Überlegungen an den richtigen Punkt führen wird.

Das Rasenlabyrinth von Steigra/Deutschland (Kreis Querfurt) existiert auch heute noch. Es trägt den seltsamen Namen „Schwedenring". Möglicherweise wurden die deutschen Labyrinthe von schwedischen Soldaten im 30jährigen Krieg gebaut und haben daher ihren Namen. In Skandinavien gibt es eine reiche Labyrinthtradition. Über 300 alte Labyrinthe sind noch erhalten. Die Form geht dabei immer vom kretisch-klassischen Typ aus, wie es auch bei allen deutschen Labyrinthen der Fall ist. Meist wurden mehr als sieben Umgänge gebaut.

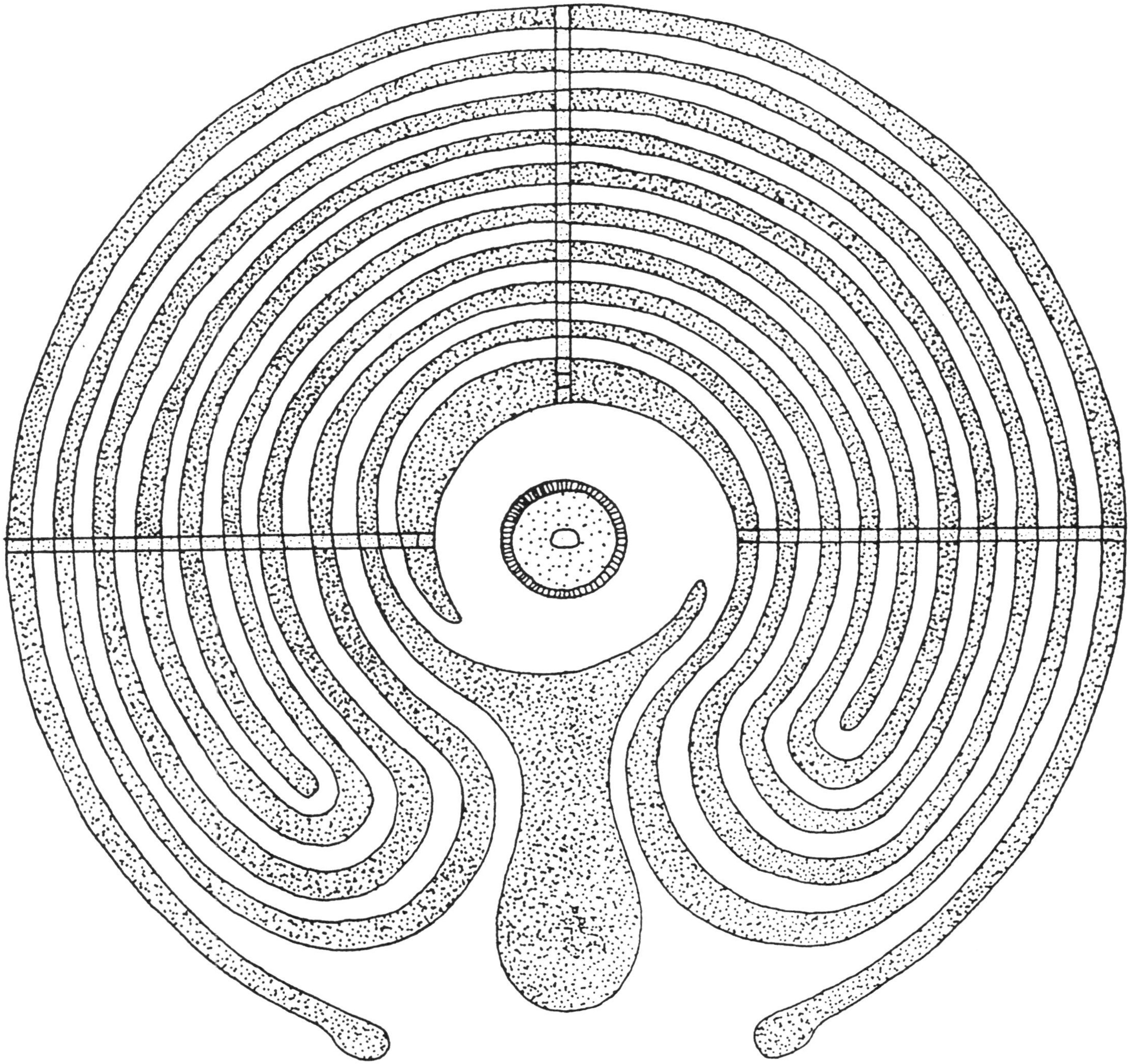

Hannover

21. Hannover

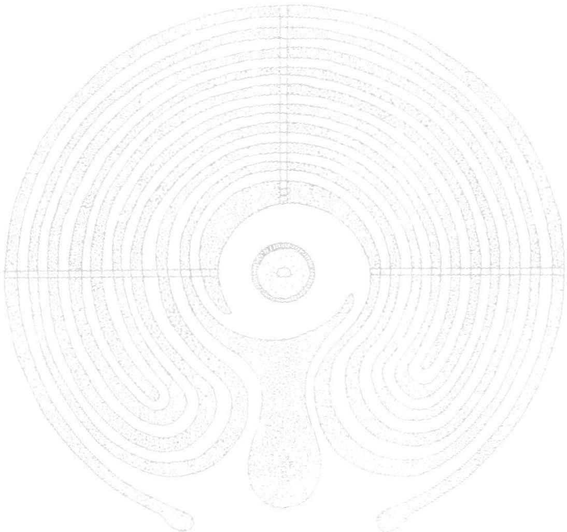

Tip 1

Ein wunderschönes Labyrinth für eine Prozession. Mit Kreide am Boden ausstreuen und begehen.

Tip 2

Auf den ersten Blick wirkt das Kreuz in diesem Labyrinth wie nicht wirklich dazugehörig, sondern eher wie nachträglich aufgesetzt. Meditiere beim Durchgang durch das Labyrinth die Frage: „Was gehört zu meinem Leben und was ist aufgesetzt?"

Tip 3

Wenn das Labyrinth genau nach Vorlage, mit dem Kreuz, aufgelegt wird, kann es sehr gut für folgenden meditativen Tanz verwendet werden:
Eine langsame Musik auswählen (nicht zuviel Moll) und mehrmals hintereinander auf eine Kassette aufspielen (mindestens 15 Minuten Spielzeit). Die Musik abspielen und langsam in einem frei erfundenen Tanzschritt in das Labyrinth hineingehen. Jedesmal, wenn das Kreuz erreicht wird, einmal um die eigene Achse drehen.
Zu diesem Tanz gibt es nur eine weitere Regel: Sich Zeit lassen und in aller Ruhe den inneren Rhythmus finden.

Versteckt im Eilenrieder Forst bei Hannover liegt eines der drei alten erhaltenen Rasenlabyrinthe Deutschlands. Es hat acht Umgänge, einen Ausgang aus der Mitte und in der Mitte steht ein Lindenbaum. Im Volksmund heißt es „Das Rad", aber selbst Einheimische wissen oft nicht, daß es überhaupt existiert. Niemand weiß, wann und wozu es angelegt wurde, die älteste Erwähnung stammt aus der Stadtchronik von 1642. Das mit Ziegeln ausgelegte Kreuz wurde erst später eingefügt.

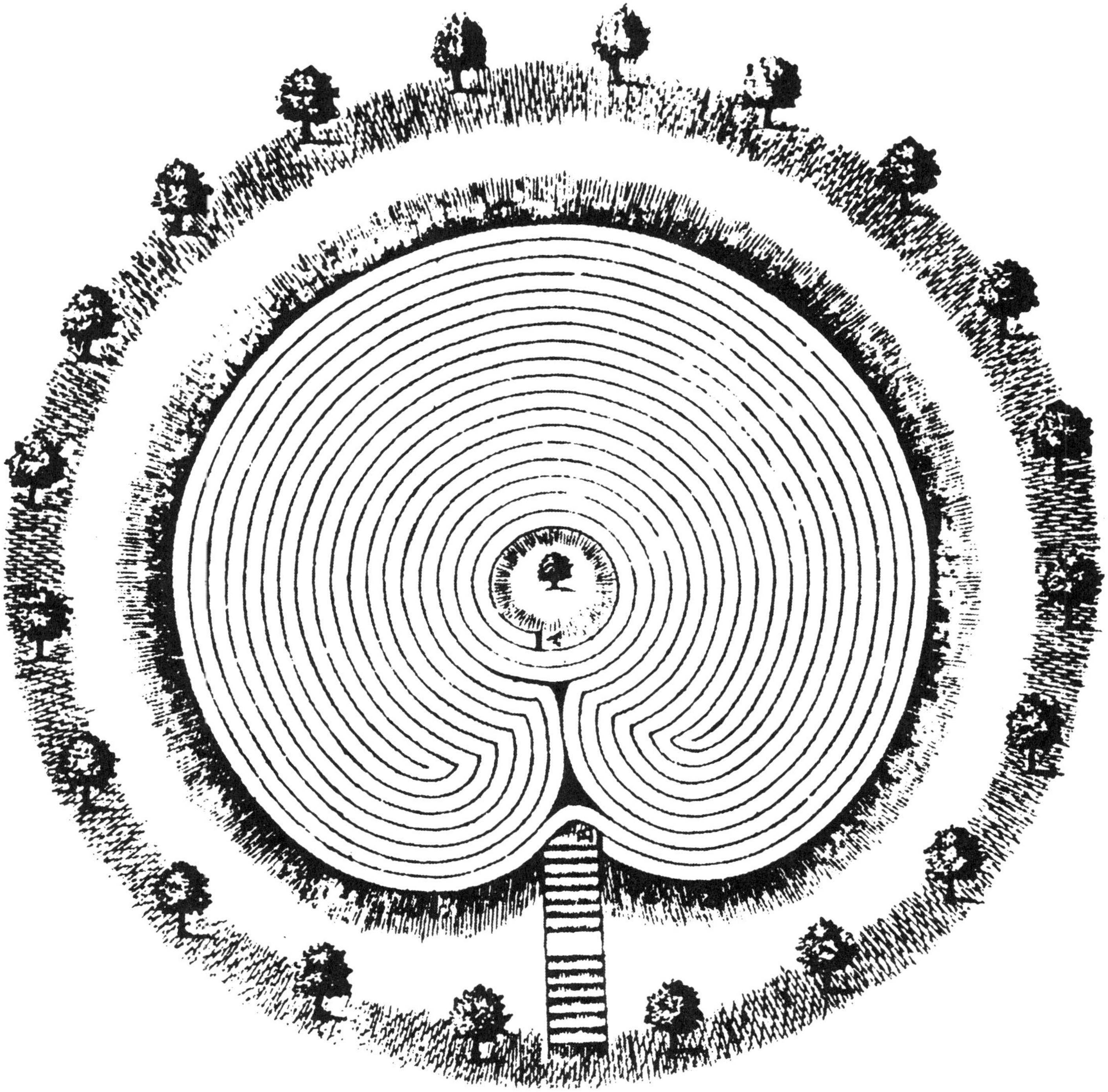

Stolp

22. Stolp

Tip 1
Kopiere das Labyrinth auf zwei- bis dreifache Größe. Schneide das Labyrinth fein säuberlich aus. Zieh den Weg einmal vom Eingang, einmal von der Mitte aus langsam in die Höhe. PS: Man braucht das Stiegenhaus dazu.

Tip 2
Male jeden Weg, der sich mit der Sonne dreht, rot und jeden, der sich gegen die Sonne dreht, grün an.

Tip 3
Wenn jemand ein so großes Labyrinth zu einem (Kinder-)Fest aufbauen will, dann geht es am besten durch Einkratzen in eine Wiese mit einer Haue oder einem Handpflug, oder durch Ausstreuen von Kalk oder Sand.

In Stolp/Polen (heute: Slupsk) befand sich das größte je gebaute Rasenlabyrinth. Es maß 45 m im Durchmesser und hatte 19 Umgänge. Alle drei Jahre fand ein großes Fest der Schuhmachergilde auf dem Labyrinth statt. Dabei tanzte eine Person aus dem Labyrinth heraus, eine andere hinein. Wer einen Fehltritt machte, wurde ausgepfiffen. Wie schwer es ist, in einem Labyrinth nicht aus der Spur zu treten, das wissen nur die, die einmal in einem Labyrinth gelaufen sind.

Russische Trojaburg

23. Russische Trojaburg

Tip 1
Welcher Jugendliche (und Erwachsene) würde nicht gerne einmal den Jungfrauentanz mitmachen.

Tip 2
Als Schreibtischwettkampf kann man das Labyrinth kopieren und mit dem Bleistift „durchrasen". Wer dreimal über die Linie tritt, wird disqualifiziert.

Tip 3
Vorlage zum Aufbau eines Labyrinths mit Bachsteinen. Wer mit einem kleineren zufrieden ist, wird auf die Vorlage mit sieben Umgängen zurückgreifen.

In Skandinavien und Rußland wurden Labyrinthe häufig in Küstennähe mit Steinen ausgelegt. Allein auf der Insel Gotland existieren heute noch 40 davon. Es sehr schwer festzustellen, wie alt diese Labyrinthe sind. Manche sind höchstwahrscheinlich über 600 Jahre alt, vielleicht aber auch noch viel älter. Die übliche Bezeichnung dieser Labyrinthe ist Trojaburg und geht auf die antike Stadt Troja zurück, die ähnlich wie Jericho nur mit List einnehmbar war.
In diesen Labyrinthen fanden Spiele der Jugend statt, die Jungfrauentanz genannt wurden. (1) ist das Mädchen im Zentrum, während (2) und (3) die Jungen sind, die versuchen, in entgegengesetzter Richtung laufend, als erster die Mitte zu erreichen. Der Erste durfte das Mädchen zum Tanz führen. Hier ist eine Trojaburg aus Rußland abgebildet.

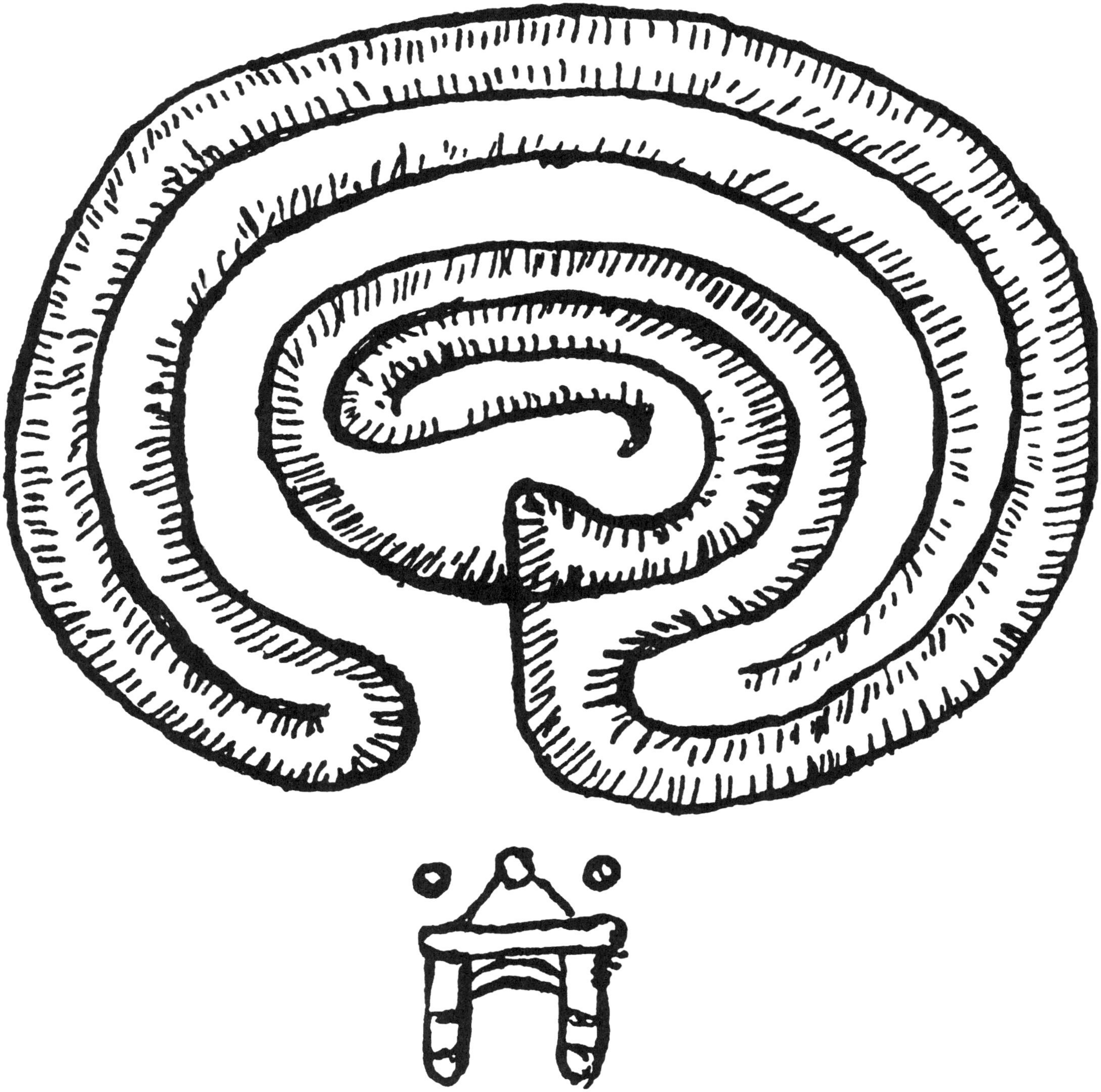

Indianische Sandzeichnung

24. Indianische Sandzeichnung

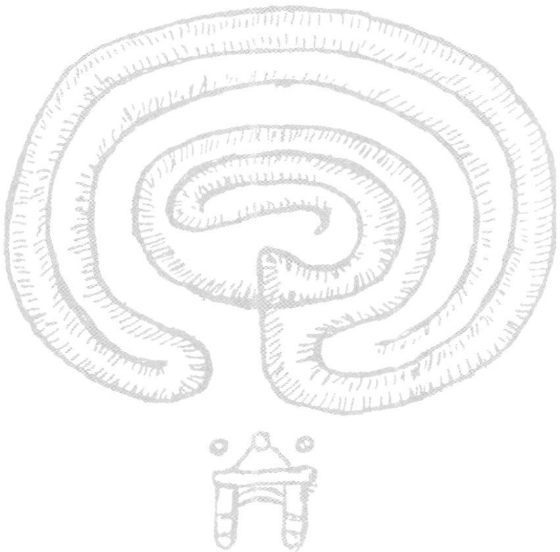

Tip 1
Den Sand in einer großen Sandkiste gerade rechen. Mehrere Kübel Sand mit Lebensmittelfarbe einfärben und das Labyrinth aufstreuen.

Tip 2
Diese oder die folgende Vorlage kann man auch auf Indianergewänder aufsticken oder mit einem Lötkolben in ein Stück Holz brennen, das als Halskette Verwendung finden kann.

Tip 3
Was ist der einfachste Weg, dieses Labyrinth mit einem Stock am Boden aufzuzeichnen?

1.Kreuz, 2. den Bogen von der Kreuzspitze, 3. vom Kreuz nach rechts, 4. vom Kreuz nach links 5. vom Kreuz unten weg

Der früheste Beleg von nordamerikanischen Labyrinthen stammt aus dem Reisebericht des spanischen Missionars Juan Mentuig, den er 1762 geschrieben hat. In Gesprächen mit Pima-Indianern erzählten diese ihm von einem Haus mit einem merkwürdigen Grundriß. Auf seine Bitte zeichneten sie ihn in den Sand, und Mentuig fertigte in seinem Bericht diese Skizze an. Man weiß, daß Pima-Kinder ein Labyrinthspiel kannten, das „Tcuhuki" hieß. Details von diesem Spiel sind leider nicht bekannt.

Man in the Maze

25. Man in the Maze

Tip 1

Dieses indianische Labyrinth ist sehr beliebt zum Auslegen. Die unterschiedlichen Wegbreiten ergeben zusätzlich reizvolle Effekte.

Tip 2

Der Schabernack des „Älteren Bruders" hat auch eine tiefere Bedeutung. Er bringt das Gefühl, alles unter Kontrolle zu haben durcheinander. Wenn die Menschen in ihrer Ordnung gestört sind, weil sie z.B. etwas nicht mehr finden, dann denken sie an ihn und auch an seinen Wohnplatz, den heiligen Berg, den abgehobenen Ort, der dem Himmel näher ist als die Hütten der Menschen. Der „Ältere Bruder" ist ein „guter Freund der Seele", um die Menschen über die vermeintlich wichtigen zu den wirklich wichtigen Dingen zu führen.
Wer verärgert ist, weil etwas nicht in der gewünschten Ordnung gelaufen ist, nimmt das Labyrinth und läßt sich von Iitoi auf den heiligen Berg führen.

Der „Man in the Maze", der Mann im Labyrinth ist ein oft verwendetes Motiv in Flecht- und Silberarbeiten nordamerikanischen Indianer. Es ist eine interessante und rätselhafte Geschichte, wie die klassische Labyrinthform zu den Indianerstämmen der Hopi, Pima und Navajo gelangt sein könnte.
Bei manchen indianischen Labyrinthen ist die klassische Form leicht verändert. Die Kreuzmitte deckt sich mit der Kreismitte, und die Wendepunkte laufen wie Strahlen auseinander. Der bei diesem Labyrinth immer im Eingang dargestellte Mensch ist Tcuhu oder Iitoi, der „Ältere Bruder". Er schleicht manchmal heimlich des Nachts zu den Menschen und nimmt ihnen etwas weg. Der Weg zu seinem Haus, das auf einem hohen Berg liegt, ist jedoch so labyrinthisch verschlungen, daß es noch niemand gefunden hat. Das Labyrinth wird von manchen Indianerstämmen auch bei verschiedenen Feiern am Boden ausgelegt und begangen.

Cakra-vyuh

26. Cakra-vyuh

Tip 1

Nimm die vier Farben Blau, Gelb, Rot und Grün. Male jeden Quadranten des Kreuzes in einer der vier Farben aus und bewege Dich dann mit den Farben gleichmäßig in das Labyrinth.

Tip 2

Manche Entscheidungen, die wir treffen müssen, sind eine „schwere Geburt." Meditiere dieses Labyrinth langsam und halte Rast in den „Wehenpausen" beim Kreuz.

Tip 3

Diese Labyrinthvorlage eignet sich für alle Feiern, bei denen das Kreuz als Symbol eine wichtige Rolle spielt. Die Betonung der Mitte liegt nämlich nicht im Endpunkt des Labyrinths, sondern um das Kreuz. Das Kreuz kann vielfältig gestaltet werden, z.B. indem vier Aspekte des Kreuzes in den „Ruheräumen" angedeutet werden.

Das Labyrinth hat sich auch in Teilen Asiens verbreitet. In einem zeitgenössischen indischen Ritualbuch gibt es diese Labyrinthabbildung mit einem Tip zur Einleitung einer Geburt: „Man reibe Safran mit Gangeswasser an, und zeichne damit auf einen Bronzeteller den Cakra-vyuh (das Labyrinth), wasche dies mit Gangeswasser ab, gebe es der Gebärenden zu trinken, dann wird es bald zur Geburt kommen und die Geburtsschmerzen werden beruhigt ..."
Damit wird symbolisch der schwierige Weg der Geburt vorgezeichnet. Wenn man diese Labyrinthform im Zusammenhang mit einem Geburtsvorgang bedenkt, fallen die großen "Ruheräume" beim Kreuz auf, die an Wehenpausen denken lassen. Dieses Labyrinth ist ein Abbild der Bewegungen des Uterus und ein Nachsinnen oder Nachfahren der Linien kann zur Entspannung bei einer Geburt beitragen.

Die Stadt Scimangada

27. Die Stadt Scimangada

Tip 1

Dieses Labyrinth wirkt wie eine Tür. Male die Torbögen aus und bewege Dich langsam auf die geheimnisvolle Mitte zu. Welches Geheimnis willst Du ergründen, und welche Tür muß dazu geöffnet werden?

Tip 2

Kopiere dieses Labyrinth auf Transparentpapier. Male es mit Buntstiften oder hellen Wasserfarben aus und klebe es auf eine Laterne. Das hinter der Labyrinthtür leuchtende Licht wirkt besonders schön und geheimnisvoll.

Ende des 17. Jahrhunderts verfaßte der römische Missionar Cassiano einen Bericht über seine Reise von Indien nach Tibet. Er schrieb, daß er im Dschungel von Nepal auf die Ruinen einer alten Stadt stieß, die Scimangada hieß. Später wurde ihm erzählt, daß diese Stadt in der Form eines Labyrinths gebaut war. Es wurde ihm eine antike Münze des Königs von Batgao gezeigt, auf der der Grundriß der Stadt in Form eines Labyrinths dargestellt war, mit einer unentzifferten Hieroglyphe in der Mitte. Cassiano zeichnete die Gravur auf der Münze in sein Reisetagebuch. Mehr ist bis heute von dieser geheimnisvollen Stadt nicht bekannt; auch eine nepalesische Labyrinthmünze ist bislang nicht dokumentiert.

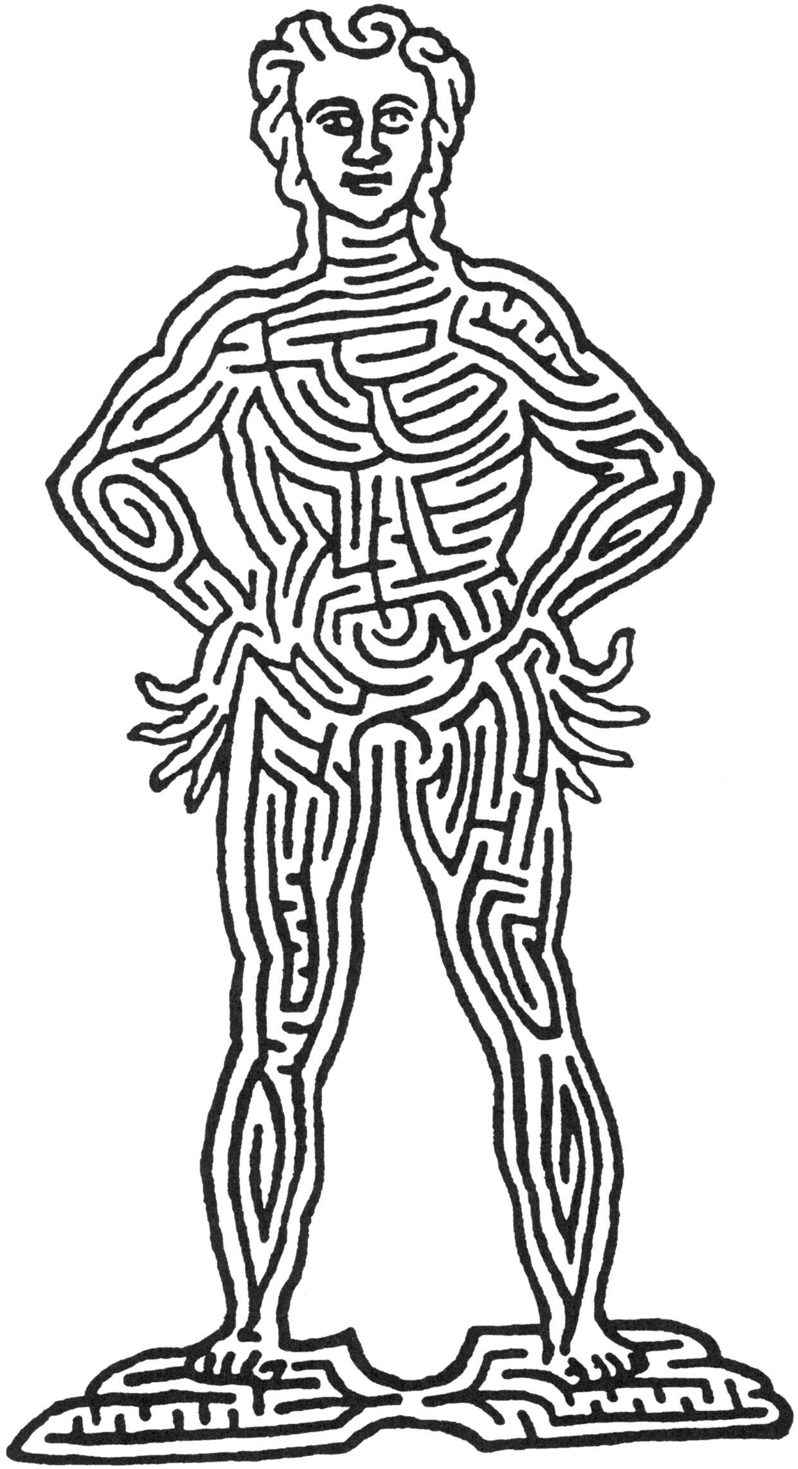

Der Mensch als Labyrinth

28. Der Mensch als Labyrinth

Tip 1

Suche einen kurzen und einen langen Weg zum Herzen. Suche in Deinen Erinnerungen Deine langen und weniger langen Irr- und Umwege und male die Wege in den Farben, die für Dich zu diesen Erinnerungen gehören, aus.

Tip 2

In verschiedene Umrisse (z. B. Tiere) lassen sich interessant aussehende Irrgärten einfügen. Umgekehrt können auch in rechteckige Irrgärten Figuren eingebaut werden.

Im 16. Jahrhundert hat sich der Architekt Francesco Segale aus Padua mit Irrgartenformen auseinandergesetzt und verschiedene Figuren mit Irrgärten ausgefüllt. Unter anderem diesen Menschen.
Es gibt einen Eingang bei den Haaren und einen Ausgang an menschenüblicher Stelle.
Aber auch Irrgärten können zu mehr, als nur zur spielerischen Suche nach dem kürzesten Weg, verwendet werden.

Irrgarten von Altjessnitz

29. Irrgarten von Altjessnitz

Tip 1

Es gibt in diesem Irrgarten keine Sackgassen, aber viele Wahlmöglichkeiten. Wer findet den kürzesten Weg zur Mitte? Und wer den längsten, und zwar ohne daß dabei eine Strecke zweimal verwendet wird?

Tip 2

Male den kürzesten Weg grün und den längsten orange aus. Um wieviel ist der orange Weg länger?

Der Altjessnitzer Irrgarten/Deutschland (Kreis Bitterfeld) ist ein Heckenlabyrinth. Das Labyrinth wurde 1732 auf Veranlassung des Barons Leopold Nikolaus von Ende angelegt und ist nicht nur der größte Irrgarten Deutschlands, sondern auch der einzige, der aus dieser Zeit erhalten geblieben ist. Die schmalen Wege verlaufen zwischen 2 m hohen Hainbuchenhecken. Der Grundriß des Gartens ist ein Quadrat mit 50 m Seitenlänge. Im Zentrum befindet sich eine Plattform, von der aus man den gesamten Garten überblicken kann. Es gibt über 200 Möglichkeiten, zur Mitte zu gelangen.

Ely

30. Ely

Tip 1

Manche Labyrinthe sind rund, und man geht in ihnen in großen geschwungenen Bögen. Dieses Labyrinth ist sehr eckig. Wer darin geht, wird regelrecht hin- und hergerissen.
Stelle Dir die Frage: „Wo sind die scharfen Kanten in meinem Lebensweg? Wo bin ich verwundet worden?" Jede Heilung beginnt in und an den Wunden. Wirkliche Wunden werden oft tief verborgen, weil es scheinbar niemanden gibt, dem man sie anvertrauen kann.
Wer möchte, kann in einem Ritual seine Wunden in das Labyrinth hineinschreiben und in einer Kirche Christus in symbolischer Form seinen Lebensweg überreichen.

Tip 2

Falls Du eine Reise nach England machst, plane Ely unbedingt mit ein.

Die eindrucksvolle gotische Kathedrale von Ely in der Nähe von Cambridge enthält das einzige begehbare Kirchenlabyrinth in England. Es wurde aber erst 1870 bei Renovierungsarbeiten gleich hinter dem Eingang eingebaut. Genau über dem Labyrinth erhebt sich der Westturm in 65 Meter Höhe. Genau so lang ist der Weg durch das Labyrinth.
Neben dem Labyrinth steht eine Christusfigur als „verwundeter Heiler". Er wandert mit als der Begleiter des Menschenweges. Hoch über dem Labyrinth befindet sich ein Gemälde des „herrlichen Christus", des Königs des Universums. Er blickt segnend auf die Menschen im Labyrinth herab.

Kölner Dom

31. Kölner Dom

Tip 1

Ein goldglänzendes Messing- oder Kupferblech kaufen. Den Labyrinthweg mit wasserfester Folie abkleben. Das Blech eine Zeitlang der Witterung aussetzen, bis es matt geworden ist. Dann das Blech in einem Innenraum aufhängen und die Folie abziehen.

Tip 2

Ein Labyrinth zu bauen ist immer einfacher, wenn es nicht rund ist. Man braucht nur ein paar Bretter auflegen und schon ist dieses platzsparende, an die gotische Tradition angelehnte Labyrinth fertig.

Tip 3

Der Tod ist der schwierigste Teil des Lebens. Viele Unsicherheiten sind damit verbunden. Male an die sieben Außenflächen sieben Fragezeichen. Versuche zu diesen Fragezeichen eine Frage zu formulieren, die sich im Zusammenhang mit Deinem Tod stellt. Schreibe an die achte (unterste) Fläche den Satz „Siehe, ich mache alles neu". Gehe nun durch das Labyrinth und lese immer die Frage, die Du auf dem Weg passierst.

Erst 1977 wurde im Kölner Dom ein Labyrinth eingefügt. Und zwar nicht an der üblichen Stelle im Eingangsbereich des Domes, sondern am Stiegenabsatz beim Abgang zur Krypta. Dadurch mußte es in Wegbreite und Umgangszahl klein bleiben. Es kann daher nur schwer abgegangen werden.
Der Platz ist zwar unüblich, aber nicht schlecht gewählt. Das Labyrinth ist auch ein Symbol des Todes und der Auferstehung. Wer diese Krypta hinabgetragen wird, bleibt nicht darin gefangen, sondern der „große" Faden der Liebe wird ihn aus dem Labyrinth herausführen.

Watt's Chapel

32. Watt's Chapel

Tip 1

Denke an eine einsame schöne Waldkapelle in Deinem Traumland und male den Engel in den Farben, die für Dich zu diesem Land gehören, aus.

Tip 2

Der Engel symbolisiert den Schutz für den Lebensweg. Er würde sicher gut geschnitzt oder geschmiedet, in Ton gebrannt oder als Bild auf die Eingangstüre eines Hauses oder einer Wohnung passen.

Die Frau des englischen Malers George F. Watts, Mary, errichtete auf dem von dem Künstlerehepaar bewohnten Gut in Compton, England um die Jahrhundertwende ein einzigartiges Bauwerk. Nur mit Hilfe einiger lokaler Handwerker baute sie auf einem Hügel eine Gedächtniskapelle. Die Form, eine in ein Kreuz eingebaute Kuppel, die Innenbemalung sowie die Außenreliefs sind voller sorgfältig durchdachter Symbolik. Das Außenrelief wird von insgesamt 12 Engeln getragen, von denen vier ein Labyrinth halten. Auch auf dem Messingschrein im Inneren wurde ein Labyrinth eingraviert.

Grey's Court

33. Grey's Court

Tip 1

Dieses gotische Labyrinth mit sieben Umgängen ist wunderschön zu begehen, auch ganz ohne symbolische Zutaten. Das Original hat einen Durchmesser von 30 m. Wer dieses Labyrinth begeht, wird von der beim Gehen empfundenen Harmonie begeistert sein.

Tip 2

Male das Labyrinth in warmen Farben aus und meditiere dabei über die Harmonie des Lebens auch im Leid, auch in den Gegensätzen.

Tip 3

Seit 2000 Jahren fragen sich viele Christen und Theologen: „Was hat Judas eigentlich so falsch gemacht?“ Das Labyrinth könnte ein Einstieg in ein Gruppengespräch zu diesem schwierigen Thema sein. (Judas ist durch den mit dem Labyrinth unverbundenen Diademstachel symbolisiert.)

Dieses 1981 erbaute Labyrinth geht auf die Antrittspredigt des Erzbischofs von Canterbury Robert Runcie zurück. Damals sagte er: „... Ich träumte von einem Labyrinth. Da gab es Leute nahe der Mitte, aber sie fanden nicht hin, und solche, die weiter weg standen, die aber leichter und schneller zur Mitte gelangten als die Gruppe, die es sich drinnen bequem machte ...” Das Labyrinth in Grey's Court bei London wurde in Andenken an diesen Bischof und seinen Einsatz für die Ökumene errichtet. Das Mittelkreuz besteht als Zeichen der Ökumene aus zwei übereinandergelegten Kreuzen, einem römischen und einem byzantinischen. Diamantförmige Stacheln stellen die Dornenkrone dar, wobei jeder Stachel einen der zwölf Apostel symbolisiert. Dieses von © Adrian Fisher entworfene Labyrinth zählt zu den gelungensten und harmonischten Labyrinthen der Neuzeit.

Raupe und Schmetterling

34. Raupe und Schmetterling

Tip 1
Ein kleines Rätsel: Bei der ursprünglichen Vorlage war eine Stelle durch eine Figur verdeckt. Dadurch wurde das Labyrinth nicht ganz richtig abgezeichnet. Wer weiß wo?

Tip 2
Male den Weg durch das Labyrinth, Nuß und Raupe mit verschiedenen Buntstiften aus.

Tip 3
Meditiere einen der folgenden Sätze:
Wirkliche Verwandlung ist ein langer Weg.
Veränderungen sind oft kaum sichtbar, aber sie geschehen.
Veränderung kann nur verhindert werden, durch die Weigerung, weiterzugehen.
Jede Schale bricht. Jede Raupe wird einmal fliegen.

Im Labyrinth geschieht Verwandlung. Der Weg formt die Seele, und wer die Mitte erreicht, ist neugeboren. Die Schale bricht auf und die Frucht erscheint, und was eben noch gekrochen ist, hat nun Flügel. Aber der lange Weg fordert einige Konzentration. Allzu leicht gerät man in einen benachbarten Gang und wird dadurch vollständig verwirrt. Das Labyrinth lehrt die Geduld am langen, aber sicheren Weg der Verwandlung. Dieses Labyrinth stammt aus einem Sammelband verschiedener Embleme aus dem Jahr 1539. Nuß und Raupe wurden nachträglich eingetragen.

Die Tänzerin

35. Die Tänzerin

Tip 1
Ein Tanz für zwei, bei dem spielerisch Distanz und Nähe erfahren werden, kann so ablaufen. Eine Person steht in der Mitte mit einem längeren Band um die Hüfte geschlungen. Die andere Person nimmt das Ende des Bandes und geht vom Eingang weg in das Labyrinth. Die in der Mitte stehende Person dreht sich nun ein und aus, und zwar so, daß das Band immer gespannt bleibt.

Tip 2
Eine Tänzerin aus Papier ausschneiden und von den Armen, Fuß und Kopf weg das Labyrinth mit Bändern auslegen.

Tip 3
Das Labyrinth mehrfach verkleinert kopieren, in Erd- und Feuerfarben ausmalen und als Mobile aufhängen.

Das Labyrinth ist seit seiner Entstehung mit Tänzen verbunden. Theseus hat mit Ariadne und den befreiten Geiseln auf der Heimreise von Kreta den Kranichtanz im Labyrinth getanzt. In den gotischen Kathedralen wurde am Labyrinth der Ostertanz getanzt. In Skandinavien waren bis vor nicht allzu langer Zeit die Jungferntänze im Labyrinth üblich. Die meisten englischen und deutschen Rasenlabyrinthe wurden am Tanzplatz des Dorfes gebaut. Hier wurde eine Frauenfigur in die Labyrinthmitte gezeichnet. Dadurch wird der Verbindung zwischen Tanz und Labyrinth ein besonderer Ausdruck verliehen. Dieses Labyrinth von © Agnes Barmettler ist auch das Zeichen für öffentliche Labyrinthplätze. Engagierte Frauen in Zürich haben dieses Projekt ins Leben gerufen und im Zeughaushof ein Labyrinth gebaut.

Amras

36. Amras

Tip 1
Male die tanzende Figur mit einer kräftigen, fröhlichen Farbe aus, den Rest in den Farben der Erde. Auch knallbunte „Bonbonfarben“ machen sich gut.

Tip 2
In diesem Labyrinth läßt sich besonders leicht ganz unterschiedliches sehen. Fast jeder sieht etwas anderes. Figur und Schmetterling wurden schon erwähnt. Das Labyrinth weckt aber noch andere Assoziationen. An was erinnert es Dich? Halte diesen Einfall fest und denke noch eine Weile darüber nach, was dieser Begriff mit Deinem Leben zu tun hat und welche Rolle er in Deinem Leben spielt.

Tip 3
Das Labyrinth eignet sich zum Aufmalen im Freien, besonders bei beengten Platzverhältnissen.

Dieses Labyrinth wurde von © Gernot Candolini entworfen und 1995 am Vorplatz einer Volksschule aufgemalt. Es ist in verschiedenen Farben gestaltet. In der Mitte kann man einen Schmetterling oder eine tanzende Figur erkennen. Die Kinder lieben es, darauf herumzurennen und erfinden laufend neue Spielmöglichkeiten.

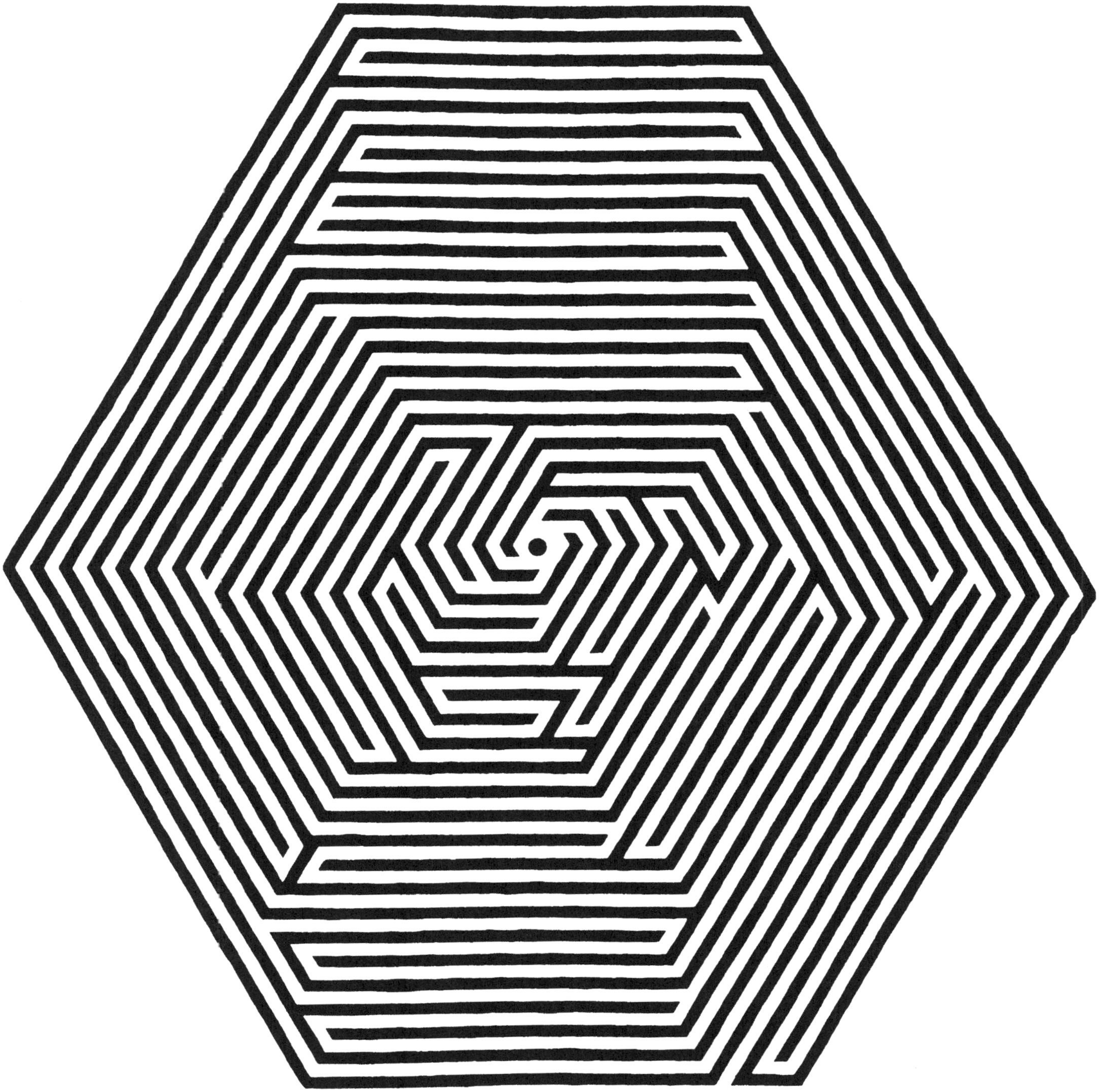

Irrgarten der Verwirrung

37. Irrgarten der Verwirrung

Tip 1

Hier kann man sich verirren!
Wer dieses Buch gekauft hat, in der falschen Annahme, daß er hier viele „Such den richtigen Weg-Spiele" lösen kann, wird hier mit einem äußerst schwierigen „Labyrinth"-Irrgarten entschädigt.

Ein Irrgarten, der es in sich hat. Mit einem derartigen Muster kann man die Grenzbelastung der Augen testen. Durch die vielen Kontrastlinien entsteht eine so unterschiedliche Nervenreizung in der Netzhaut, daß man nicht lange hinschauen kann. Es ist daher praktisch unmöglich, ohne Bleistift den Weg zur Mitte zu finden.
Solche Irrgärten sind aber nur eine Konzentrationsspielerei und haben keinen symbolischen Tiefgang.

Fuß und Hand

38. Fuß und Hand

Tip 1
Wieviele Möglichkeiten gibt es, die Mitte der Hand bzw. die Mitte des Fußes zu erreichen?

Tip 2
In der Hand liegt ein Herz und in seiner achteckigen Mitte befindet sich ein edler Stein. Übertrage das Labyrinth mit Wasserfarben oder Henna in die eigene Hand und denke dabei über den Satz nach: „Wer einen wahren Schatz finden will, muß sein Herz in der Hand tragen.“

Hierbei handelt es sich um zwei reizvolle Gestaltungen von Irrgärten. Auf einem Spielplatz in Bicton/England wurde der Fuß eines Riesen mit Holzpalisaden aufgebaut. Die Hand hat der Künstler André Heller in Wattens in Tirol als Heckenirrgarten aufgebaut. Sie wurde mit einer Hainbuchenhecke gepflanzt und ist Teil des faszinierenden Gesamtkunstwerkes der Swarowski Kristallwelten.

Modernes christliches Labyrinth

39. Modernes christliches Labyrinth

Tip 1

Dieses Labyrinth läßt sich sehr einfach mit Holz und Steinen oder anderem Material bauen.

Tip 2

Bei diesem Labyrinth sind auch die Begrenzungslinien ausmalbar, um viel Gestaltungsmöglichkeiten mit der Farbgebung zu erreichen.

Tip 3

Bei jeder Wendung stößt man am Kreuz an. Das Kreuz „zwingt" zur Wende. Während Du das Labyrinth ausmalst, stelle Dir die Frage: Was ist für mich ein Anstoß, ein Hindernis, eine Hilfe meinen Weg zu finden, eine Orientierung auf meinem Weg oder ...?

Dieses Labyrinth wurde in ähnlicher Form neben dem Dom von Linköping in Schweden erbaut und für die „Katholische Jugend – Innsbruck" auf eine transportierbare Matte gemalt. Es handelt sich dabei um die gotische Grundform mit sieben Umgängen, einer sehr schönen und ausgewogenen Annäherung an die Symmetrie und einer besonderen Hervorhebung des Kreuzes.

„Der tanzende Jakob"

40. „Der tanzende Jakob"

Tip 1
Male im Labyrinth zuerst den Wanderer aus. Dann male den Weg dunkelgrün und die Zwischenräume blau.

Tip 2
Fahre das Labyrinth mit dem Finger ab und wiederhole dazu den Satz: „Was immer das Labyrinth bringen mag, vergiß den Tanz der Freude nicht!" Wenn sich keine Möglichkeit findet, ein Labyrinth zu begehen und dabei diesen Tanz auch wirklich zu versuchen, genügt ein Stück einsamer Waldweg, den man einmal unbedarft und unbeobachtet entlangtanzen sollte, mit dem Gedanken: „Dieses Stück Weg ist ein Stück meines Lebens, und das wird getanzt."

Tip 3
Das Labyrinth läßt sich einfach mit Ziegelsteinen auflegen.

Im Mittelalter wurden Labyrinthe auch als Ersatzpilgerfahrten verstanden. Die großen Pilgerwege der Christenheit führen nach Jerusalem und Rom oder auf dem sogenannten Jakobsweg nach Santiago de Compostela.
Der Patron der Pilger ist Jakob der Ältere, einer der ersten Jünger Christi.
Dieses Labyrinth von © Gernot Candolini soll vor dem Dom zu St. Jakob in Innsbruck mit verschiedenfärbigen Steinplatten gebaut werden. Man erkennt eine wandernde oder tanzende Figur, die im Labyrinth integriert ist. Jakob begleitet die Pilger und freut sich mit ihnen über das Erreichen des Zieles.